組織人間たちの集合近眼

忖度と不祥事の体質

築達延征 CHIKUDATE Nobuyuki [著]

東京 白桃書房 神田

はじめに[1]

　私たち日本人がメディアで幾度となく目にし，耳にする言葉に「体質」がある。しかし，ここでは，「人体」の体質を指すのではない[2]。優良日本企業・官公庁といった，組織の「体質」である。

　優良日本企業・官公庁における不祥事の発覚には暇がなく，そのたびに，不祥事の背景にある個々の組織の「体質」が問題視されてきた[3]。これについて，筆者は，2000年頃から，「体質が不祥事を誘発し，体質を変えることに失敗した組織は不祥事を再び起こす」という論を説いてきた。「いつ，どのような不祥事が」という予測をできる程の科学的精度はないにせよ，この説の妥当性を確立するケースを，この20年の間，幾度も目にした。

　2009年の夏，ある学会で，筆者は，2005年のJR西日本による福知山線脱線事故について，JR西日本の体質があの悲劇を誘発したという研究を発表した。質疑応答の後，筆者に名刺をくださった参加者がいた。なんと，「東京電力」の名刺であった。

　「先生の理論は，まさに我が社の実態です。何とかしないと……」というコメントをその方から頂いた。そして，2011年，福島第一原発事故が起こった。筆者は，その時の出会いについて複雑な思いを今日でも持ち続けている。

　本書に先立ち，筆者は2015年10月に英語圏で大手の学術系出版社である

1　本書の一部は，JSPS科研費 JP26380463, JP18K01838の助成を受けて書かれたものである。
2　例えば，奥田（2016）を参照のこと。
3　本書では，不祥事という言葉を便宜的に使っている。本来の意味は法学的には，wrongdoing（悪事）と mishap（不幸な出来事）とも厳密に区別する必要がある。しかし，本書では悪事，不幸な出来事までも含む，「組織または組織の属している人間が，社会に対しなんらかの害をもたらす出来事，または，あってはならない出来事」と定義する。

i

Palgrave Macmillan（New York）より，*Collective Myopia in Japanese Organizations: A Transcultural Approach for Identifying Corporate Meltdowns*（以後，英語版）という単著を上梓した。その中で，三菱自動車の「体質」を既に分析しており，その翌年，2016年に燃費偽装が発覚した。さらに，JR西日本の体質を分析した内容もこの英語版に掲載しており，その2年後の2017年にあわや大惨事となる寸前だった山陽新幹線の台車亀裂事件が発覚した[4]。三菱自動車・JR西日本が繰り返した不祥事は，果たして，「偶然の一致」として片づけることができるのであろうか。

本書の目的は，優良日本企業の不祥事発覚時にメディア等で語られる「体質論」について，学術的背景をもとに，様々なケースを用いながら，そのルーツ・構造・メカニズム等に関して，論じることである。

本書の表題にある collective myopia（集合近眼）という概念を，筆者が単著論文として国際学会で発表したのは，Academy of Management[5] の 1997 年 Boston 大会が最初である。その後，Thomson Reuters の Web of Science, Clarivate Analytics 等に登録されている国際レフェリー・ジャーナルに数本の単著論文を掲載した[6]。

筆者の研究に対し，賛同と同じぐらい様々な批判があったのも事実である。なぜ，批判されるのかと言えば，「こうすれば良くなる」，「こうしなければ優良企業にはなれない」，「優れたリーダーとは」等を説くことが主流の経営学において，組織の病理構造を扱う筆者の研究は「変だ」と見なされたからだ[7]。

しかしながら，2020 年が数年後に迫った今日，企業・組織の病理構造を

4　この内容は，国際レフェリー・ジャーナルの Human Relations に掲載されている。Chikudate (2009) を参照のこと。

5　経営学の分野で，世界最大であり，最も権威があると言われている学会である。2018年時点での会員数は約2万人（121ヶ国）である。年次大会での参加登録者数は1万から1万1000人であり，メガホテル4，5件ならびにコンベンション・センターで開催される。ここで研究発表する場合，フル・ペーパー・レフェリー制を通過する必要があり，採択率は，部門により約1割から3割である。

6　これらのデータベースは，世界大学ランキングを決める指標の一つである。さらに，研究者個人の国際的通用性を測定することにも用いられる。

7　このような筆者の発想は，博士課程修了後，ジョンズ・ホプキンス大学で postdoctoral fellow に従事し，医学・生命科学の研究者たちと交流した経験による。医学・生命科学であれば，病理構造を特定し，治癒する方法を見つけ，確立することこそ，人類への貢献となる。

論じることは，「変」なのであろうか．

　欧米の経営学では，2002-2003年のエンロン・アンダーセン・ショックや2008年のリーマン・ショック等を経て，企業の体質がもたらす「闇」・病理構造の解明が，それを再び繰り返さないための処方箋になるという認識が広まりつつある．そうした流れを受け，筆者は単著論文により，2016年8月，Academy of Management の Anaheim 大会で，ONE Kedge Unorthodox Paper Award を受賞した．unorthodox とは「異端」を意味し，異端者が経営学の発展に貢献したという賞である．

　本書の企画は，組織の体質について，従来の経営学・商学・経済学の発想ではなく，社会思想・哲学も取りいれた総合人文社会科学という観点で，筆者に何ができるかと考えた時に生まれた．多くの経営学・商学・経済学の研究者・学生，企業人は，企業の利潤を想定し，それから逆算して，「どうすれば利益が出て，赤字にならないか」，「現在の我が社の価値は」，「どうすれば会社が成長・拡大できるのか」，「優良企業の条件とは」等の問題意識からすべてが始まる傾向にある．カタカナ英語で言えば，ボトムライン，エクセレントカンパニー，コア・コンピタンス，ベンチマーク等の言葉が飛び交うだろう．日本が資本主義社会である限り，このような問題意識は極当たり前であり，否定されるものではない．

　しかし，こうした問題意識が「最重要課題」に変換され，運営され，それが体質になってしまった組織の末路は哀だ．さらに，企業という組織だけでなく，そこで働く個人が，この最重要課題の下に生きていると，わずかな成功体験・経済的報酬とは裏腹に，「焦り」・「息苦しさ」・「矛盾」・「怒り」，最後に「あきらめ」・「無気力感」といったネガティブな感情に沈むケースがいかに多いことか．

　こうした傾向は，民間企業のみならず非営利セクター，特に官庁で働く人々も同様であろう．昨今，民間企業のみならず，官庁，地方公共団体や病院でさえも，心身ともに病む休職者・「過労死」者が続出しているのも事実である．自殺者も出ている．官僚のピラミッド組織のトップにいる事務次官・局長クラスは，不祥事・贈収賄での辞任が相次ぐ．組織の体質「に」または「で」病んでいる．

ところが，働いている人はもちろん，組織の長，人事・総務担当者は何を切り口・とっかかりにしてよいのか打開策を見つけられないのではないだろうか。このような状況に関心がある読者は，本書の第4章2節を読んで欲しい。

　日本の組織による不祥事の話を研究会・学会・講演会等ですると，かつては，「そんなのほんの一部だ」，「日本には，日本の良いところがたくさんある」，「世間知らずの学者が……」等の批判もあった。しかし，優良日本企業，官庁の「知られたくなく，忘れて欲しい事実」を記した本書の第1章を読んでもらえば，認識が改められるかもしれない。

　それでも，「だからどうなんだ」，「しょせん，自分にはどうしようもできない。今後も会社は変わらず永遠に続くから」という反応が返ってくることも予想できる。もっともである。そうであるとするなら，日本人全体が現実的かつ冷静な「問い」を，今発しなければならないと考える。その問いとは，おおよそ以下の通りである。

1. 「自分が組織不祥事の『行為者』にならないようにするには，どうすべきか」
2. 「もし，不祥事企業・組織で働いていたら，どうすべきか」
3. 「自分を組織不祥事から守るには，どうしたら良いのか」
4. 「自分，あるいは家族が不祥事組織に就職しないようにするには，どうしたら良いのか」
5. 「自分，あるいは家族が不祥事を起こさない，不祥事に巻き込まれない，不祥事の餌食にならないためには，どうしたら良いか」

　このような問いに答えるためには，組織の「体質」という，かつてとらえどころがなかったものを，まず，冷静かつ学術的に理解する必要ある。このおぼろげながらに「なんとなくそう」，ある程度「変だ」と感じつつもやり過ごしてしまう組織の「体質」の正体・メカニズムを「意識」にのぼらせ，「言語化」[8]することが，このような問いに答える第一歩となるだろう。

筆者が想定する本書の読者層は，おおよそ以下の通りである。

1. 自分が属している組織になんらかの疑問・不平・不満を持っているサラリーマン，公務員，教師，医療従事者
2. 就職活動をする学生
3. 文系の研究者ならびに学生
4. 日本語が読め，日本企業・日本的経営について関心がある外国人
5. 子供の将来を考える親

　本書では，「体質」が不祥事を誘発する現象を，理論的・学術的根拠を踏まえつつ，具体的な事例を交えながら，一般の読者にもわかりやすいように記述するつもりである。したがって，根拠となる理論・研究・文献・データ・メディア情報を脚注に記している。それに関心がある読者は，原典にさかのぼり，精読することを推奨する。原典にさかのぼりやすいように，引用・参考文献の著者として記載している外国人名は本文では，日本語と原語で並記している。

　さらに，詳細な理論・説が作られる学術的背景ならびに系譜については，「学術的背景・系譜」で述べている。筆者はWeb of Science, Clarivate Analytics等に登録されている国際レフェリー・ジャーナルに論文を掲載し，審査員もしている。「学術的背景・系譜」は，そのような研究活動に関心がある研究者・大学院生にとって，有益な内容になるかもしれない。

8　ドイツ語では, Versprachlichung（Habermas 1981），英訳ではlinguistification（Habermas 1987）となる。第8章3節で詳述している。

目　　次

はじめに

第1章　体質による企業・組織の不祥事 ──── 1

1.1.　連鎖反応のように爆発する不祥事のサイクル　1
1.2.　近過去の優良日本企業による不祥事史　5

第2章　体質の正体 ──── 19

2.1.　日本的経営としての企業文化　21
2.2.　経済合理主義・機能主義で割り切れない優良企業になる要因　28
2.3.　「組織には文化がある」から「組織＝文化」　31
2.4.　「生活世界」と現象学　38

第3章 集合近眼という組織の病理—Collective Myopia— ── 41

- **3.1.** 集合近眼の定義とルーツ　41
- **3.2.** 「現場」での知覚—「流され，集団に埋没する」主観性—　46
- **3.3.** 組織の「常識」　47
- **3.4.** 〜らしさという「規範」の功罪　51
- **3.5.** ノルムクラシー（規範主義的組織）の誕生，仕事がスムーズに「流れ」・「回る」ことの二面性　53
- **3.6.** 懲戒的パワー・規範化・均質化—ゆがめられる組織社会化—　57

第4章 集合近眼による悪影響 ── 73

- **4.1.** 秩序による思考停止，「根性論」，そして過労死，最後に大惨事　73
- **4.2.** ブラック化，軽犯罪者続出，無責任体制の行政組織　78
- **4.3.** 官僚・公務員の作文術　81
- **4.4.** 単なる不祥事から危機へ—「人格化する企業」—　83

第5章 体質改善の可能性を模索する ── 85

- **5.1.** 可視化・意識改革・活性化・研修の有効性・限界　85
- **5.2.** 部外者・新参者には見えるが，中堅・ベテランには見えず，語れない　88
- **5.3.** 綱紀粛正・CSR・企業倫理の限界　91

第6章　集合近眼とグローバリズム ── 97

- **6.1.** 日本的規範を持ち込む弊害　*98*
- **6.2.** ジャパナイゼーションの限界　*101*
- **6.3.** 「標準語」と互換性　*103*
- **6.4.** 意識できない日本的理屈の生成を理解する　*107*
- **6.5.** 欧米名門企業による不祥事と集合近眼，さらに「同類性」　*112*

第7章　集合近眼を認識した後の対処 ── 123

- **7.1.** 不祥事に気づいた場合の反応　*123*
- **7.2.** 医学的発想から　*127*

第8章　次世代・人類共通知へのナラティブと学習可能性 ── 131

- **8.1.** 吏道・企業戦士論からの脱却　*131*
- **8.2.** 教育の場で「語る」可能性　*133*
- **8.3.** 「議論しながら思考できない」日本語をどう乗り越えるか　*135*
- **8.4.** 学習できる「ネオ・タイプ」の増殖　*138*

あとがき

学術的背景・系譜　*151*

　　2.3. から　*151* ／ 2.4. から　*154* ／ 3.1. から　*156* ／
　　3.2. から　*158* ／ 4.3. から　*162* ／ 5.1. から　*163* ／
　　6.1. から　*164*

引用・参考文献

索　引

第 1 章

体質による企業・組織の不祥事

連鎖反応のように爆発する不祥事のサイクル

　日本における企業・組織の不祥事を一言で語ることは，適切ではない。世間的には不祥事企業となるが，その要因を冷静に分析すると，企業自体が「被害者」になる場合も多々あるからである。単なる物理的事故，横領・個人データ売買等の一個人による犯罪などが，そうである。

　ところが，過去20年にわたる「優良日本企業による不祥事史」なるものを作ると面白いパターンに筆者は気づく。ある一定の時期が来ると日本企業社会に加え，霞が関にある官庁の不祥事が明るみになり「連鎖反応」のように爆発するのである。そして，それを数年毎に繰り返す。また，数年毎に不祥事を繰り返す「不祥事リピーター企業・組織」も存在する。地中に埋まった爆弾が何発も存在し，それが「数年間」という導線でつながっており，一発爆発したあと，火が導線に着火し，さらに爆発するようなイメージである。図表1-1は，本書で注目する「優良」日本企業・組織による不祥事ならびに事故を記している。

　なぜ，日本の企業・組織は不祥事を繰り返すのであろうか。このような問題意識に対し，「企業にしても官庁にしても，組織の構成員が入れ替わるのだから，過去から学習できるわけはない。不祥事を繰り返す企業・官庁があってもおかしくはない」という反論があることだろう。さらに，サプライチェーンやアウトソーシング等で取引等が複雑化・複合化し，組織の「内

図表1-1 本書で注目する「優良」日本企業・組織による不祥事・事故

時期	内容	企業・組織
1997-1998	日本金融システムメルトダウン	・旧メガバンク ・証券会社 ・政府系金融機関 ・旧大蔵省 ・日本銀行 ・警視庁
2005	粉飾決算	・旧カネボウ ・旧中央青山監査法人
2005	リコール, 福知山線事故	・トヨタ ・JR 西日本
2010	リコール, 粉飾決算	・トヨタ ・オリンパス
2011	福島第一原発事故	・東京電力
2011	リコール, 不正会計	・タカタ ・東芝
2016	東京都市場移転問題・燃費偽装問題	・東京都 ・三菱自動車
2017	森友学園問題	・財務省
2017	コンサルタント問題	・文部科学省
2017	製品・品質偽装問題	・神戸製鋼 ・日産自動車 ・SUBARU ・三菱マテリアル ・スズキ
2018	JR 西日本のぞみ重大事故	・JR 西日本 ・川崎重工

出所：筆者作成

部」とその外にある「外部環境」の明確な境界線を引けないため，実は，「被害者」なのに世間からは「当事者」として非難されるだけという反論もあるだろう。もっともである。創業・創設から数十年，いや，100年以上経過している場合もあり，何らかの不祥事や危機があるのは当たり前かもしれない。ところが，ある一定の期間に限定して見たとき，同業他社には不祥事が起こらなくとも，同じ企業・組織ばかりが不祥事で何度もメディアで報道されるケースが見られる。つまり，不祥事リピーター企業・組織は「何かがおかしい」のである。本書では，不祥事企業・組織には，それを誘発する「体質」の影響があるという仮説から議論を進める。

不祥事を起こした優良日本企業の「相撲番付」のようなものを仮に作成した場合，横綱を超え「別格」にあるのが，東京電力であるという決定に対し，異議を唱える人は少ないだろう。日本というより，人類の歴史に刻まれる企業不祥事である。2011年の東日本大震災の直後，海外にいる知人はもちろん，見ず知らずの研究者・ジャーナリストたちから筆者は問い合わせを受け

た。筆者が 2011 年の東京電力による福島第一原発事故以前に，国際レフェリー・ジャーナルに掲載した数本の単著論文，特に「ヒューマン・エラーによる産業事故の現象学による分析」に関する論文の影響であろう[1]。問い合わせの大半は，あの津波が岩手・宮城・福島・茨城県に押し寄せる映像を見た直後，世界中からの「あなた，家族・親族は大丈夫か」という安否を気遣うものであった。時間が経過し，福島第一原発事故の後は，「日本は大丈夫か，放射能に汚染されていないのか」，「東京で水は飲めるのか」等の問い合わせになる。特に，チェルノブイリ原発事故を経験したヨーロッパ人にとっては，それと福島第一原発事故を同一視せざるをえないため，このような素朴な疑問を筆者に投げかけるのである。実際，その時期，首都圏，主に，東京に在住した多くの外国人が，日本から脱出し，東京で外国人の姿をみることが少なくなった。その後，原子力災害の専門家が英米のメディアで「数値」を用いながら解説すると，英語圏では，徐々に不安をあおるようなデマが沈静化していったのも事実である。

その後，英米の大手メディアが，被災した東北人の規律正しさに驚き，「日本民族優秀論」を報道するようになった。当時 ABC News のアンカー・ウーマンを務めるダイアン・ソイヤー氏も現地を訪れ，被災者の規律正しさへの感銘と，彼女がキャンプのような暮らしをしていた被災者から「残った食料」で歓待を受けたことへの感動に，涙を流していた。このような報道は，日本人の行動様式・規範意識について書いた『菊と刀』を思い起こさせるものであった。アメリカの文化人類学者であるベネディクト（Benedict 1946）が，第二次世界大戦時中の日系人への質的調査法をもとに，書いたものである。海を渡った日系人も，戦後半世紀以上経った東北人も，「我慢強さ」と「恥」という概念からくる秩序だった行動は変わらなかったのである。この変わらない行動様式こそが「日本文化」であるとも言える。

ところが，時間が経つにつれ，欧米の社会科学者は批判的思考を用い，「駄目な国，日本」として見るようになる。例えば，「なぜ，あのような（東北に住んでいる）被害者の日本人たちは素晴らしいのに，日本政府とリーダ

1　Chikudate（2009）を参照のこと。

ーは能無しな人間ばかりなのか？」,「東電はオペレーションを混乱させ，爆発させたのではないのか」という質問に替わる。さらに，時間が経つと，「福島第一原発事故は防げなかったのか」,「日本の原発のコントロール・監督は適切だったのか」という，より社会科学的な質問になる。その時，筆者は,「日本企業社会にはびこる集合近眼という体質が根絶されず，また悪さをしたからです」もしくは「今回の悲劇は，1997-1998年の日本金融システムの崩壊へ導いた集合近眼が，温存されており，ゆがんだ日本的システムによるメルトダウンを繰り返したもの」と一貫して答えた。

　ゆがんだ日本的システムとは，ノルムクラシー（規範主義的組織）[2]が，本来あるべき機能主義的組織を食い物にし，ノルムクラシーで利を得た人たちがそれを正統化するために，仲間を増殖し，「多数決」もしくは「暗黙の了解」で制度として定着させたものである。そして,「日本的常識」として沈殿するように巧妙にプログラミング化する。日本的常識に沈殿してしまえば，普段の生活，仕事では意識に上らず，それが問題だとは気づかなくなる。最後に，この企てに気づいた人間に対し「ならば，代替できるシステムを今から作れるのか」,「このシステムを壊したら，日本全体が崩壊する」と問題化させないようにする。この「問題化させないための防衛」は，反社会的勢力ではなく，日本で「立派」と思われ，既得権益・権力を得ている人たちがしがちである。また，その予備軍は再生産されている。この「問題化させないための防衛」が通用する限り，日本社会に害を及ぼすことが繰り返されると思うのは筆者だけであろうか。1970年より以前に生まれた日本人には，「そういえば，あの時も」と思い当たる節もあるだろうが，1990年以降に生まれた読者には，未知の「近過去」なのである。次節において，起きた事件を時系列的に述べてみよう。

2　原語では normcracy となる。これについては，本書の第3章5節で詳述する。

近過去の優良日本企業による不祥事史

日本金融システムメルトダウン：1997-1998 年

　筆者が，ゆがんだ日本的システムの温存に気づいたのは，1997-1998 年の日本金融システムの崩壊について研究し，国際レフェリー・ジャーナルはもとより，日本の学術誌である『組織科学』にも知見を述べていたからである[3]。その当時，金融・証券業界はもちろんのこと，ありとあらゆる「名門」日本企業が，「総会屋」という反社会的勢力に総額 118 億円の金銭的支援をしており，日本企業社会の「闇」が明るみに出た。そのような日本の闇社会を長年支援してきた旧第一勧業銀行［現，みずほ銀行］は，記者会見を開き，引責ということで頭取等の役員を替えていた。ところが，すぐ，また記者会見を開き，別の人間が役員になるという，トップがこれでもかと言うほど短期間で交代した。結局，逮捕者を 11 人出し，6 人が起訴された[4]。元頭取は自宅で自殺した。

　さらに，金融業界を「規制」・「監督」するはずの旧大蔵省（現，財務省と金融監督庁）の官僚達は，金融機関から接待づけになり，「護送船団方式」という名のもとに，癒着しすぎていた。この癒着のせいで，金融機関はバブル経済崩壊で抱えた巨額な不良債権に対して，「目こぼし」をしてもらい，審査等の大蔵省からの内部情報が筒抜けになっていた。金融機関には「MOF 担」という官への接待・情報工作を担当する専門職さえあった。MOF とは Ministry of Finance，つまり旧大蔵省である。不適切な業務を担当した大蔵省から，自殺者も出た。結局，局長クラスも含め，112 人が処分の対象となった[5]。また，日本の金融政策という「公」のために仕事をするはずの日本銀行では，民間の金融業界との癒着を極めていた。度外視した接待を意味する「ザブン・ドボン」は「企業方言」になるほど，慣習として文化

3　築達（2004）を参照のこと。
4　読売新聞（1998 年 10 月 19 日夕刊）を参照のこと。
5　朝日新聞（1998 年 4 月 28 日朝刊）を参照のこと。

に根付いていた[6]。日本経済への「状況判断」を下すための情報ならびに操作は，すでに前もって筒抜けになっていた。結局，98人が処分された[7]。さらに，不正を取り締まる側の警視庁でさえも，金融機関の「仲間」になっている者がいた。

一連の事件は，『金融腐蝕列島　呪縛』[8]というタイトルで映画化された。この映画のシーンで，検察庁による本店の強制捜査の直後，仲代達矢氏が演じる相談役が，携帯電話で，「先生，これは検察庁によるファッショですよ。大蔵省にお伺いを立てさせますので，そこのところをよろしくお願いします」という「先生」が出てくる。映画では，複数の総理大臣を輩出した陰の大物「フィクサー」となっているが，現実の世界でも「先生」は実在していた。旧大蔵省元官僚で当時現職の国会議員も，逮捕許諾決議が採決される直前，1998年2月に自殺している[9]。

その当時，筆者は中央線が通る東京の郊外にある大学で教鞭をとっていた。今でも記憶しているのは，1998年1月，2月に開催された入学試験が，JR東日本の中央線もしくは山手線での社会人の「人身事故」で何度も時間を繰り下げて開始されたことだ。走ってくる電車の前にホームから「飛び込む」もしくはなんらかの理由で落ちるからだ。そして，そのホームで人身事故があった場所には，花束が飾られていた。実に，生々しい光景である。呪縛という映画が描いた世界には，デフォルメはあるにしても，全くの「絵空事」ではなく，ベースとなる現実があったのである。第二次世界大戦の敗戦を経てもなお，明治維新より続く日本におけるエリート・エスタブリッシュメントには「得体の知れない闇」があり，その闇は，霞が関，丸の内，八重洲に脈々と存在していたのである。この「得体の知れない闇」は，日本人や儒教圏アジア人が大好きな「人脈」・「コネ」というネットワークを利用し「便宜を図る」という次元をはるかに超える存在であった。

そして，日本の官僚社会のトップに立ち，その当時「官僚の中の官僚」と

6　この特有の企業方言は，組織文化の調査・診断法で「言語」と呼び，焦点を当てる必要がある。第2章2節に出てくるDeal & Kennedy（1982）に詳述されている。
7　朝日新聞（1998年4月10日夕刊）を参照のこと。
8　金融腐蝕列島　呪縛（1999年）を参照のこと。
9　朝日新聞（1998年9月21日夕刊）を参照のこと。

崇められていた人間で構成されていた強大な旧大蔵省は,財務省と金融監督庁に分断された。また,「省」の数が縮小されるという大幅なリストラクチャリングが行われた。つまり,それまでは,城山三郎氏の歴史小説[10]等に出てくるように,「戦後の日本の経済復興は,私利私欲のない,高貴で,公に献身的に尽くす官僚のおかげ」という「官僚性善説」という前提で日本的官僚組織が成り立っていた。さらに,それが「日本的常識」としてプログラミングされていた。しかし,監督・行政指導という規制・監視業務を,実際に実行する人間たちが重複して行うという制度・システム的欠陥をないがしろにしていたのである。その制度・システム的欠陥に,接待・コストを「経済合理性」として計算した民間金融機関が,「欲」に溺れる官僚達を作る片棒を担いでしまったのであろう。

結果として,大蔵省の解体後,財務省と金融監督庁が設立され,接待汚職で日本興業銀行,第一勧業銀行,さくら銀行,富士銀行,東京三菱銀行,三和銀行,あさひ銀行,住友銀行,日本長期信用銀行,野村證券,日興証券,大和証券,さくら証券が処分された。経営破綻した北海道拓殖銀行と山一證券の処分は見送られた[11]。総会屋への利益供与事件以来,商法や証券取引法に違反したという罪を含めれば,起訴されたのは大手証券4社で26人,銀行では都銀・長信銀合わせて6行,21人にのぼる[12]。その後,メガバンクの統廃合が起こり,今日の形態になった(図表1-2を参照のこと)。

当時の日本の金融システムは世界各国から「不信」の目で見られ,アジア経済危機とも相まって,株価はもとより,日本の通貨である「円」そのものが信用されなくなった。筆者の日記によれば,1998年にハワイであった企業倫理系の学会で発表した時,銀行の窓口で替えたドルは,140円近かったとある。マクドナルド等のファストフードさえ,ドルを基軸通貨とするアメリカでは,筆者にとってはごちそう値段になってしまったのである。

そして,「劇場型改革派」の小泉純一郎氏が総理大臣となり,規制緩和を推進し,日本のマーケットに「外資マネー」を呼び込んだ。その結果,韓国

---

10 城山(1975)を参照のこと。
11 朝日新聞(1998年8月1日朝刊)を参照のこと。
12 朝日新聞(1998年5月4日朝刊)を参照のこと。

図表 1-2　都市銀行の統廃合とメガバンクの誕生

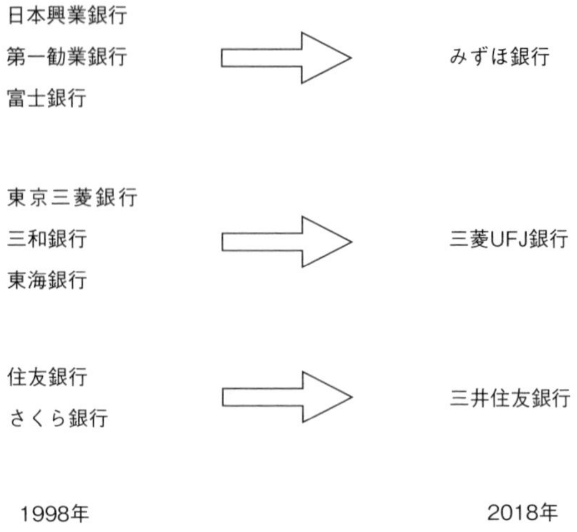

1998年		2018年
日本興業銀行 第一勧業銀行 富士銀行	⇒	みずほ銀行
東京三菱銀行 三和銀行 東海銀行	⇒	三菱UFJ銀行
住友銀行 さくら銀行	⇒	三井住友銀行

出所：筆者作成

等の近隣アジア諸国のようなデフォルトにはならなかった。その代償として，巨額の損失を隠蔽する不正を重ねて自主廃業した山一證券の店舗のあとに，アメリカの大手金融等の外資系機関が進出した。当時，銀座・新橋に調査等で通っていた筆者の目にも，「日本は経済戦争でもアメリカに完敗」，「戦後のGHQによる日本統治の再現」と見えた。1990年初頭にバブル経済が破綻した時とは様相が異なり，完全に大蔵省・日本銀行も巻き込んだ日本の金融システム全体が完全に「メルトダウン」したという意味だった。そして，このメルトダウンは，日本で生まれ，教育された「高学歴」と呼ばれるエリート達で構成されるインナー・サークルによって引き起こされた[13]。その後，「失われた20年」に本格的に突入していく。

13　読売新聞（1998年3月27日夕刊），朝日新聞（2000年3月29日朝刊）を参照のこと。

粉飾決算，監査法人が悪事に手を染める：2005-2007年

「失われた20年」の中で，粉飾決算，データ改ざん，不正，見過ごし，文書偽造という「抜け道」的な仕事のやり方が「体質」として蔓延するようになる。そして，それが限界に達し，明るみに出るのが2005年頃からである。いわゆる4大監査法人の一つと言われた中央青山監査法人は，「クライアント企業のため」，「守秘義務」という大義名分で，悪事に手を染めていた。旧カネボウ（現クラシエ）の粉飾決算に会計士が加担していたことが2005年に明るみに出た結果，金融監督庁による2ヶ月の業務停止命令を受けた。その後みすず監査法人として改称するが，日興コーディアル・グループの会計不祥事による上場廃止騒動が起こった。このグループの有価証券報告書に虚偽記載（利益水増しによる粉飾決算）があったとされたが，問題となった2005年3月期の有価証券報告書にみすずは「適正意見」を出していた。日興の虚偽記載を旧中央青山が見逃していたとして問題視され，みすず監査法人として監査業務を継続していくことが困難になったと判断されて，2007年7月をもって監査業務から撤退し，廃業となった。

トヨタのリコール，熊本からグローバル危機へ：2004-2010年

日本の金融システムへの不信感から円が急落したことは，日本国内で大量生産し，輸出で黒字を稼ぐ業界，特に，自動車産業にとっては追い風となった。すると，「トヨタ神話」が作られていった。「丸の内にある金融機関はどうしようもない。それと仲間になっていた霞が関の官もダメ。しかし，トヨタをはじめとする日本の大製造業は素晴らしい，トヨタは日本を代表する優良企業だ。だから日本人はトヨタを賛美し，敬おう」という理屈である[14]。世の中は，トヨタを日本経済の救世主であるかのように思い込んでいた。そのころから「ものづくり」という曖昧な言い方で，日本の製造業を過剰に鼓舞するようになった。さらに，トヨタ生産システムの良い点のみを取り上げ，

---

14 誤解を招きたくないのでことわりをいれるが，筆者はトヨタを否定するつもりはない。実際，筆者と親類縁者は現在もトヨタ車のオーナー・ドライバーであり，トヨタ車に満足している。

世界の経営学のベンチマークにしようと躍起になっていた経営学者達もいた。実際，ヘンリー・フォードがT型を開発した後の自動車の進化において，ハイブリッド車の「プリウス」は自動車産業史に残る「偉業」である。また，このころから，トヨタの「改善」をイノベーションと同一視するようにもなった。そして，トヨタの創業者一族から離れた「サラリーマン社長・会長」達は，経団連の会長になり，自民党小泉政権時には，政府のブレーンにもなった。国内外で政治にも相当関与し，そのパワー・影響力を強め，誇示した[15]。

ところが，トヨタは，急激な拡大路線のため，軋みだしていた。2004年の熊本県でのトヨタ車ハイラックスによる人身事故は，保安基準に反する重要な故障によるものであると熊本県警察が捜査し，トヨタから3人が書類送検された[16]。さらに，トヨタは過労死を生み出すまで工員に無理をさせていた。工場にはタイムカードがない中，2002年2月9日午前4時20分，工場内で急死した30歳のエンジニアがいた。QC（クオリティ・コントロール）サークルへの参加は残業とみなされず，従業員の自主的活動とされ，賃金が払われないばかりか，参加は半強制であった。過労死したエンジニアの実質的な「残業」は月155時間25分だった[17]。つまり，日本のメディア・経営学者等が鼓舞していたトヨタの世界市場への急拡大戦略と「改善」いう名のイノベーションは，実は，工場勤務者の過度な「犠牲」に基づく不適切な品質管理によるところも多かったのではないだろうか。

そして，アメリカでは2009年の秋冬，日本では2010年の初春に，トヨタ・リコール問題がメディアをにぎわすようになるのである。かつて，トヨタ神話を作りだしていた経営学者等は，自己弁護のための著書を出版している[18]。さらに時間が経過すると，トヨタの欠陥・弱点を「部分的」に研究した学術論文が国際レフェリー・ジャーナルに掲載されるようになる。その後，危機管理からの発想で，今後の教訓として包括的に分析する研究も掲載される。筆者自身も，こうした研究の一翼をになった[19]。

---

15 横田・佐高（2006），週刊金曜日編（2007），渡邊・林（2007）を参照のこと。
16 朝日新聞（2006年7月12日朝刊）を参照のこと。
17 朝日新聞（2007年12月1日朝刊）を参照のこと。
18 例えば，Liker & Ogden（2011）を参照のこと。

東京電力福島第一原発事故：2011年

　トヨタ・リコール危機の翌年の 2011 年，日本的システムのメルトダウンは，「技術的」・「物理的」な意味で繰り返された。忘れもしない，2011 年 3 月 11 日から 14 日の光景である。この時ほど，総理をはじめ大臣・閣僚級の政治家，霞が関の官僚，日本を代表する企業のトップ，「御用学者」に対し，「なんとも言えない感情」を抱いたことはない。これは筆者だけであろうか。

　より詳細に述べれば，地震・津波という自然災害が引き金になったとは言え，「東京電力による福島第一原子力発電所事故は，人災である」という定説に加え，日本政府の監督官庁を頂点とした日本企業社会のゆがんだ「体質」が温存されていた[20]。なぜ，温存なのかと言えば，東京電力による「利益至上主義」を前提に，様々な「原発利権」を維持していた権力構造が，1997-1998 年の日本金融システムのメルトダウンと酷似していたからである[21]。もっと正確に言えば，省庁の改編を行っても，行政を司る官僚の資質・能力そしてその監督下にあるはずの業界との「もたれ合い」が変わらなかったのである。このもたれ合いを「原発村」と呼ぶ。マグニチュード 9 という「想定外」の地震，津波という自然現象が引き金になったにせよ，この原発村の「住民」たちが，償おうとしても償いきれない「害」を日本社会に及ぼしているのである。この「住民」達は，12 年前，霞が関並びに丸の内，さらに東京駅を挟んだ八重洲に多数生息していた。1997-1998 年（金融システム・メルトダウン）当時のようである。変わったとすれば，真実・事実を追求し，知識によって人類の発展に貢献すべきはずの科学者達が「村」に加わり「御用学者」になっていたことである[22]。

　しかし，日本には「冷静」，「合理的」，「献身的」で，「行動を起こす」善

19　Alpaslan との共著で，2014 年に Western Academy of Management 学会で論文を発表し，最優秀論文の候補にもなった。さらに，筆者は Alpaslan と共著で，GM，フォルクスワーゲンの企業危機に共通する要因の分析も含めた論文を Critical Perspectives on International Business という学術誌（オンライン）に 2018 年の春，The curse of the #1 carmaker: Toyota's crisis（世界一の自動車メーカーにかけられた呪い：トヨタの危機）という表題で発表した。この論文の分析フレームワークは，Alpaslan & Mitroff（2011）ならびに Chikudate（2015）を利用した。
20　日経ビジネス（2011）・日経ビジネス online（2011）に掲載された筆者の記事で述べている。
21　この件に関しては，福島原発事故独立検証委員会（2012）等が報告している。
22　例えば，安富（2012, 2013）を参照のこと。

良な市民も多数存在していた。被災した人たちはもちろんのこと，それを支えた自衛隊・企業・NPO・NGO・公的機関，そして多くのボランティア達だ。さらに，放射能汚染，被害の実態を計測・分析する科学者達のネットワークも活躍した[23]。被曝のリスクの中，在日アメリカ軍も援助してくれた。

さらに，原子力行政・東京電力への非難を訴えるデモが霞が関・東京電力本社前で巻き起こった。50代以上の人間が1960年・70年に見た全学連・中革派による破壊行為的なものではなく，破壊行為は皆無に近い，英語でいうプロテストであった。子供を背負った母親・孫子の将来を真剣に心配する祖父母までもがデモに参加し，声をあげていた。日本人の特性として，組織・公というその存在が「実感」できないものに対しては，「流され」，「長いものに巻かれろ」的傾向にあるが，子供・孫という自分のDNAを受け継ぎ，身近な存在の生存が危ぶまれる時，集団となって蜂起するというものがある。ここでは，日本的な「世間体」や「恥」等はどうでも良くなるのである。子孫存続のための「生命体」の理屈が優先されるのである。戦後，民主主義並びに言論の自由が浸透したためでもある。

ところが，3.11～3.14後の復興においては，民主党政権時下，その未曾有の災害を想定すらしていなかった閣僚たちが対応のまずさと不適切な言動をさらすことになる。その結果，民主党は選挙で惨敗した。そして，再び自由民主党が政権与党となってアベノミクスが始まり，国民は「日本経済との運命共同体」に無理やり参加させられた。2017年冬には，日経平均がバブル崩壊以降最高値を出す。少子化の中，新卒学生の就職率の高さもニュースになる。陰では，給与は上がらず，増税となり，過労死問題を引き起こすという労働環境もある。

財テク，不正会計処理，Japan Inc. に対する
海外からの不信の目：2011-2015年

2011年のオリンパス事件ほど，企業の上層部にいる人間の「常識」がゆ

23　NHK（2011年5月15日）ならびにNHK ETV特集取材班（2012年2月14日）を参照のこと。2018年の時点で筆者が教鞭をとっている広島大学にも活動に加わった研究者がいた。

がんでいた例はない。不正会計処理，通称，「飛ばし」をやりながら，約10年間，負債を隠し続け，FACTAによる記事を読んだイギリス人社長のマイケル・ウッドフォード氏が，会長の菊川剛氏と副社長の森久志氏を問い詰め，逆に解雇された事件である[24]。その直後，ウッドフォード氏がロンドンに戻り，英語圏の大手メディアに告発したことから，イギリス・アメリカの機関が，オリンパスの取引を捜査し，東京地方検察庁・警視庁も調査を開始した。2013年に，菊川元会長，森元副社長は，有罪判決を受け，法人であるオリンパスには7億円の罰金が課せられた。さらに，飛ばしの指南役をしていた元野村證券の社員も，有罪判決を受けた。つまり，「財テク」という名のもと，「意図的に」不正を「合理化」するのが実力であるという，いびつな「常識」が出来上がっていたのである。

　このような不祥事の温床になる体質が再生産され続けるという現象は，日本国内にいるとさほど意識しないが，実はJapan Inc.つまり「日本企業社会」全体の体質・闇・病理構造として，国外から問題視されているのである。特に，英米大手メディアが2011年のオリンパス事件を大々的に報道し，オリンパスという一企業，一組織の問題ではなく，利害関係・もたれ合いで形成する「日本企業社会全体」に制度化された「体質」が問題の焦点として，広く認識されるようになっている。さらに，海外報道ではこの体質・闇・病理構造には，日本の大手経済メディア自体もその一党に連なるものとして取り上げられた。FACTAというオルタナティブな日本のメディアの活躍により，発覚した事件であるとも報道している[25]。

　意図的に不正を合理化するという「組織の常識」は，2015年頃から再度明るみに出て，非難を浴びている。2015年は東芝で，3代にわたる社長らが，不正会計処理を行っていたことが明るみに出た。東芝と言えば，日本経済システムに君臨する三井財閥系企業であるが，まるで「ドミノ倒し」が起こっているようにさえ筆者には見えた[26]。

24　チームFACTA（2012）ならびにウッドフォード（2012）を参照のこと。
25　Financial Times（2011a）を参照のこと。
26　FACTA編集部（2017）等を参照のこと。

品質管理しない大製造業：2016-2018 年

　2016 年，三菱財閥系企業の三菱自動車が燃費を偽装していたことが発覚し，行政処分を受けた。結局，日産自動車により救済され，再建を図ることになった。本書の第 5 章 2 節で詳述するが，三菱自動車は何とか「体質」を変えようとしていたが，結局失敗したという事例なのである。2017 年には，品質偽装で JIS マークを剥奪された神戸製鋼，日産自動車，SUBARU，そして当時経団連会長が相談役を務めていた東レの名があがる[27]。2018 年には，燃費を売り物にしていたはずのスズキも排ガス測定値の改ざんが問題になる。三菱マテリアルは，品質偽装する「指南書」まで作っていた[28]。特筆すべきは，三菱マテリアルと同様に神戸製鋼による品質偽装も，1970 年代から継続されており，それが神戸製鋼の「体質」になっていたことだ[29]。

　2017 年の 12 月，あわや脱線，死傷者多数という最悪な「インシデント」になった山陽新幹線の台車亀裂事件は，2005 年の福知山線の脱線事故を彷彿とさせた。ともに，JR 西日本が引き起こしたインシデントである。JR 西日本は，2005 年の事故後，体質を本当に「変えた」のかという批判が起こる[30]。時間の経過とともに，2018 年 3 月になると，JR 西日本の問題ばかりでなく，のぞみを製造した川崎重工兵庫工場が鋼板を削りすぎたという製造ミス，つまり品質管理の問題であることが明らかになった。

　この事件で恐ろしいのが，川崎重工の作業者の解釈であり，川崎重工の「体質」である。川崎重工の常務が，「安全に関わる部材で削ると強度が減るという認識がなかった……班長の思い違いで，作業者に間違った指示を出した。加工不良という認識がないので，（不良品の）情報は上に伝わっていなかった」というものである[31]。つまり，川崎重工の体質により，「まともに」新幹線を作っていなかったということになる。新幹線は日本の技術力，品質管理の代名詞であった。しかし，この代名詞の「品質管理」が適切になされ

27　朝日新聞（2017 年 12 月 28 日朝刊）を参照のこと。
28　朝日新聞（2017 年 12 月 28 日夕刊）ならびに朝日新聞（2018 年 3 月 29 日朝刊）を参照のこと。
29　毎日新聞（2017 年 10 月 17 日）を参照のこと。
30　毎日新聞（2017 年 12 月 21 日朝刊）を参照のこと。
31　神戸新聞 NEXT（2018 年 2 月 28 日）を参照のこと。

ていなかった事件は，日本の「ものづくり」が疲弊しているか，病んでいることを示唆しているのではないだろうか。

忖度，文書書換え，財務省（旧大蔵省）の再登場，文部科学省トップの真実：2017-2018年

2017年以降，体質を非難される組織の例として，財務省がある。2017年に通称，「森友問題」が発覚する森友学園の開校に，当時，総理大臣の安倍晋三氏の妻が口利きをした，首相官邸が介入してきた，複数の政治家が口利きをしてきたという説があった。結局，森友学園の開学のため，財務省が国有地売却に関する決裁文書をめぐって書き換えをするという事実が発覚し，財務省は2018年3月12日，14の文書で学園側との交渉の経緯などがまとめられた「調書」の部分などが書き換えられていたことを明らかにした。さらに問題は，書き換えをさせられた近畿財務局の50代職員が自殺していることである[32]。まるで，自殺者と多数の処分者を出した1997-1998年の日本金融システムメルトダウン時の旧大蔵省そのものではなかろうか。

さらに，2018年，文部科学省で事務次官・局長クラスの贈収賄が発覚し，辞任劇があった。この背後には，かつて大蔵官僚を接待漬けにした都市銀行のMOF担のような「コンサルタント」と称する人間がいて，官僚を過剰接待していた。事務次官・局長を含む4人が懲戒処分を受け，辞職した[33]。つまり，財務省にしても文部科学省にしても，不祥事で非難された数年後に同じような人間達が再生され，不祥事が繰り返されている。

筆者は，2000年頃から「体質を変えることができない，変えることに失敗した組織は，いつか不祥事を起こす」という論を説いてきた。なぜ，この説を打ち立てることができるかといえば，数年の単位で，「何度も」不祥事を繰り返す「不祥事リピーター」なる企業・組織があることが「歴史的事実」として存在すると筆者が蓄積してきた資料・データで検証できたからだ。その背景には，人間でいう「体質」のようなものが，その企業・組織には既

32　朝日新聞（2018年3月12日夕刊），日本経済新聞（2018年3月16日朝刊）を参照のこと。
33　朝日新聞（2018年9月22日朝刊）を参照のこと。

に備わっており，人間の体質のように，それを急に「改善」できないからではないかという問題意識が沸き上がる。責任の所在を明確にするという「けじめ」として，組織のトップが引責辞任し，組織の構造・意思決定のプロセスを変えれば，健全で「善良」な企業・組織に生まれ変われると考える人もいるだろう。ところが，実際は，引責辞任した後に就任したトップの下，世間・メディアからの批判をかわすために，株主・監督官庁も含めたステイクホルダーに対して「変えました」という「姿勢」を示しているだけにすぎないのではないのだろうか。姿勢とは社外のステイクホルダーに与える「印象」であり，それを操作しているだけのように見える。

ゾンビのような体質の再生産

　「それではどうすれば，効果が出るように組織の体質を変えられるのか」という問いが立つであろう。究極の答えは，経営の上層部ばかりでなく，組織の構成員の相当数を一気に取り換えることである。本当の意味でのリストラ，つまり，「再構造化」（restructuring）である。この理屈は次の通りになる。

1. 企業・組織が不祥事を起こすと，犯罪者・罪人のように「人格」を疑われる。
⇩
2. ところが，企業・組織という「実体」を存在可能にするのは，あくまでも，その当時の構成員達でしかない。
⇩
3. 必ず，「行為者」が当該企業・組織のどこかに存在する。
⇩
4. であるとするなら，直接，手を下した行為者のみならず，「暗黙」であってもその行為者に影響を与えた人間，部署，閥を一気に組織から一掃すればよい。つまり，組織の「がん細胞」を外科手術で取り除くのである。
⇩

5. 再発防止策として，このような人間達を作り上げた，採用・昇進もふくめた従来の人的資源管理をやめる。

　もちろん，「乱暴な」理屈である。法で身分が保証されている「公務員」，雇用の維持を「企業の社会的責任」と理解する人間が多い日本では，このような大がかりな外科手術は「禁じ手」であるというコンセンサスが出来上がっている。さらに，経団連の中西宏明会長が 2018 年 9 月 5 日，就職活動の時期などを定めた「就活ルール」の廃止に言及し，10 月 9 日，正式に発表した[34]。これまでの採用では，原則「新卒一括」であるという雇用慣行があり，自分の企業・組織だけが，別のやり方で行うという第一歩を踏み出す勇気もなかった。経営組織論・組織社会学で言うところの「制度的同型化」つまり，「横並び意識」が働き，他社に迎合するからである[35]。結局，このような再構造化，人的資源管理をゼロベースで再スタートさせることが困難となるため，不祥事が発覚しても，既存の身体である「組織」を維持しつつ，対外的にごまかそうと手を打つのであろう。そして，その場をしのぐことはできても，「体質」その物が変わっていないため，また数年後に，不祥事を引き起こすのである。つまり，映画の死者が蘇るという「ゾンビ」のように，不祥事の温床になる「体質」が再生産され続けるメカニズムが官民を問わず日本的組織に定着しているのではなかろうか。

34　朝日新聞（2018 年 10 月 10 日朝刊）を参照のこと。
35　詳しくは，Powell & DiMaggio（1991）を参照のこと。

第2章

体質の正体

　優良日本企業・官庁の不祥事が露呈すると，日本のメディアは，「体質の問題」，「問題だらけの体質」という表現を使う。しかしながら，「成功」・「継続的イノベーション」・「V字復活」を成し遂げた日本企業の根底にあるものとして，日本のメディア・ジャーナリスト・経営学者等は，「組織文化」・「企業文化」という表現を使う。

　しかし，「体質」も「組織文化」・「企業文化」も実は同じ人間の「集合体」という同じルーツにあるのである。そのルーツとは，組織の「特性」である。図表2-1において，本書における分類を記した。

　組織・企業の特性を説明するのに最も近い専門用語は，「文化」（culture）である。これは，「風土」（climate）と混同される場合が多いが，厳密には，この二つは組織現象をとらえる異なったカテゴリーに属するものである。基本的には，文化は「変えられない，変わりにくい」とされ，風土は比較的短期間に容易に「変えられる」とされる。なぜ文化の変革が容易でないかと言えば，「歴史的」に醸成されるからである。

　逆に，なぜ風土の変革が容易であるかといえば，組織の構成員が作りだす，職場の「気候」・「天気」という一過的な集合体のメカニズムが風土であり，「社風」であるからだ。つまり，風土は，組織の構成員の「態度」・「動機付け」・「コミットメント」という気候のように人間が直接「目に見え」，「感じる」物で構成されており，組織内部の人間以外の部外者にも「見え」，「感じ

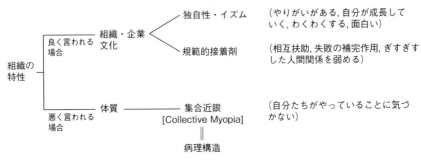

出所:筆者作成

る」のである。また，オフィスのレイアウト・立地，服装等の物理的に見えるものを取り換えるだけでも風土を変えやすい。したがって，風土とはそもそも変えやすい「移り気」なものであり，組織の長・経営企画によるトップダウンで操作されやすい。実際，組織で働いている人たちは，「ある一定の期間，変わった」と実感できる場合も多いのである。図表2-2において，文化と風土の区別を記した。

組織の不祥事を論じる時，「文化 vs. 風土」もしくは「文化 or 風土」を厳密に分類することは，専門家にも難しいであろう。さらに，文化を「企業理念」・「社是」と拡大解釈し，世に広めている研究者さえいる[1]。しかしながら，この文化と風土の差異を理解しないまま，経営者・経営陣が組織変革に着手すると，最悪な結果を招くことになる。

それは，人体の精神疾患である「鬱」病と「躁鬱」病の区別を的確に診断できないまま，誤った治療をし，逆に悪化させることに酷似している。鬱病の患者には，カウンセリング等に加え，気分を高揚させる薬品が投薬される場合がある。しかし，躁鬱病の患者に，同じ薬品を投薬してしまうと，「ハイ」時に，「全知全能」になったという錯覚を起こし，様々な「奇行」に及ぶ可能性があるのである。最悪な場合，そのような奇行に偶然，遭遇してしまった人々に危害が及ぶのである。

---

[1] 文化は本来，言葉で明言できないものであるため，「こうあるべきだ」という理想を明文化する企業理念・社是・創業者の名言等とは異なる。

図表 2-2 文化（culture）vs. 風土（climate）

	文化	風土
エピステモロジー	文脈と個別性，具体性	比較可能性，一般性
視点	イーミック（emic，現地の人々の目）	エティック（etic，研究者の目）
調査法	質的なフィールドワーク	計量的なアンケート調査
分析のレベル	根底にある価値観・前提の「厚い記述」	見えやすいもの，態度，動機付け，コミットメント，統計分析
時間	歴史的に（変えにくい）	その時（変えやすい）
理論的基盤	社会的構築（構成）主義・構造主義・批判理論・ポスト構造主義等	レヴィン的「場」の理論
親学問	社会学・文化人類学・哲学	心理学

注：Denison（1996）を参考にし，筆者の文献レビューにより作成。

　医学の知識をそのまま経営組織論に当てはめることは，不適切かもしれない。しかしながら，文化と風土の差を的確に理解する必要がある。風土の短期的に「変えられる」メカニズムに着目したコンサルティング会社・企業研修業者は，組織変革とセットで彼らのサービスを企業に売り込もうとする。ところが，組織風土を文化と混同し，「文化を変えた」，「文化が変わった」と述べた社長の企業が，その数年後に，不祥事を起こし，さらにその数年後に，監督官庁の調査の対象となり，そのまた数年後に，不祥事を起こし，倒産寸前までの経営状態になるのである。また，経営陣が組織変革に着手し，一定の効果をあげたと満足した優良日本企業が数年後に，自らが作り上げた「体質」の餌食となり，不祥事を起こしているのである。

日本的経営としての企業文化

　企業経営における文化は必ずしも否定的な意味合いはない。企業・組織文化は，経営管理手法の一つとして，1980年代に一世風靡された。その背景には，1970年代・80年代の日本企業によるアメリカ市場の席巻ならびに世界市場への急激な拡散がある。経済紙を中心にアメリカのメディアは，最初，

日本の製造業に注目し、その後、ニューヨーク、ロサンゼルス、ハワイ等の不動産買収についての報道をしていた。実際、筆者は80年代後半に、アメリカで大学院生生活を送っていたため、このトレンドを肌で感じることができた。筆者が日本人だとわかると「賞賛」よりも「嫌み」を言われることが多かった。理由は、Made in Japan製品のアメリカへの過剰輸入により、自分達の仕事を奪った日本企業、日本、日本人が憎くてたまらなかったためである。さらに、アメリカ社会繁栄の「シンボル」であるニューヨークのロックフェラー・センターが三菱地所に買収され、日本企業の企業広告で牛耳られたタイムズスクエアを目の当たりにすると、「日本は、第二次世界大戦の報復を経済で果たしている」という印象を持つアメリカ人も多かった。実際、ニューヨークのみならずロサンゼルス、ハワイでは、日本企業により買収された不動産、日本企業のネオン広告を巡回する企画ツアーもあり、日本人観光客が大挙してアメリカを訪れていた。このように、集団化して動き回る日本人観光客はアメリカ人にとって「異様」に見えた。

　当然、日本人である筆者を敵対視しないアメリカ人もいた。そうした人々は、単純に禅、日本食、武道、華道、庭園、建築等の日本の文化・歴史に興味があるか、日本的経営・日本企業について関心がある人間が多かった。なぜ、日本的経営・日本企業に関心があるのかというと、Theory Zならびに The Art of Japanese Management という日本的経営・日本企業に関する書籍が当時のビジネス書のベストセラーであったからである[2]。ソニーの創業者の一人である盛田昭夫氏が書いた Made in Japan も人気があった。盛田氏はクレジットカードのCMで Do you know me?というセリフと共にテレビの画面に頻繁に登場し、アメリカのお茶の間で広く認知されていた。つまり、「流行り」であったのである。

　この日本的経営の特徴、つまり、日本企業にあるが欧米企業にはない「仕組み」として、終身雇用、年功序列昇格・昇給、専門性のないキャリア・人事異動、独身寮・社宅等の福利厚生、社内旅行・運動会等の親睦を深めるための行事、企業内組合、集団的意思決定等があげられた。特に、集団的意思

2　Ouchi（1981）ならびに Pascale & Athos（1981）を参照のこと。

決定では，公式な稟議・決裁の他に，「根回し」等の裏工作がクローズアップされた。その裏工作のためには，会社帰りに同僚・上司・部下と「飲む」，残業，会社に対する「異常な」忠誠心という欧米にはない日本人サラリーマンの「日常」も取りざたされた。これらを総合すると，「社内一家族」のような運命共同体的な組織を土台にした経済活動で，日本企業はグローバル・マーケットに台頭してきたと考えられた。1990年代以前に社会人になった首都圏に住む日本人にとっては，これらは「当たり前」であるが，当時の欧米人には珍しいものであった。理由は，欧米人にとって，仕事とは，あくまでも，自分・家族に金銭をもたらす「手段」でしかなく，会社はその手段を与える「機械」のような存在であるからである[3]。

したがって，欧米人に「あなたの仕事は？」と尋ねると「私は秘書です」・「私はマーケティングをしています」という答え方をする。「私は○○で働いています」と答え，自分が持っている会社・組織の名刺にこだわる日本人とは対照的である。つまり，日本ならびに儒教圏アジアでは，個人の資格・能力・才能に自分の仕事を同一化するより，自分がいる組織，集合体に「帰属」意識を持つのである[4]。さらに，欧米では経営管理・リーダーシップ・行政等が「科学」になっているのに対し，日本では「なんとなく経験を積んだ年長者が上になってみんなを束ねることができる」という不思議な集団主義の力に注目したのである。

日本企業の組織的特徴を「ゲゼルシャフト」・「ゲマインシャフト」という集合体の分類で，ゲマインシャフトの一つであるとみなす研究者もいた[5]。ゲゼルシャフトとは，近代以降誕生した機能で動く集合体であるのに対し，ゲマインシャフトとは，地縁・血縁・なじみ等でつながる原始的集合体である。実際，戦後の日本では，「金の卵」と呼ばれる農・漁村の中卒を同じ学校・クラス単位で採用をするという大製造業もあった。そして，上司は，指揮命令をする「管理者」以外に，父兄の役割も担い，冠婚葬祭等でも面倒を見るという「家族」のような「公私混同」したものだったのかもしれない。

---

[3] 仕事ではなく「職業」という概念になると，callingという神がお召しになったもの，「天職」という受け止め方をする考え方もキリスト教にはある。
[4] この帰属意識が，「閥」という集合体を儒教圏では作る。加地（1990）を参照のこと。
[5] Tönnies（1887）を参照のこと。

この「公私混同」は，ヴェーバー（Weber 1956）型の合理性を追求する欧米の官僚主義的組織ではあってはならないことなのである。しかしながら，たとえ非合理的であっても，一生懸命にまじめに働く従業員たちによって，経済的には大成功しているのが日本企業，特に大製造業であった。したがって，日本企業のようなやり方もあるのかと欧米人が関心を寄せていたのである。Theory Z が大ベストセラーになった後，著者であるオオウチ（Ouchi）は，ゲマインシャフトのような組織が彼の理論のベースになっていると述べている[6]。

こうしたブーム以外に，なぜ日本的経営・日本企業に関心が寄せられたかと言えば，当時のアメリカ人の切実な事情があった。アメリカの経営・労務管理手法が行き詰まっていることをアメリカ人自身が痛いほど理解しており，それを代替する手法を模索している時に，日本企業が台頭してきたからである[7]。アメリカの経営・労務管理手法が行き詰まる背景には，賃金のみならずあらゆる待遇での労使間の「格差」があった。この格差は現在さらに広がっている。また，職場で「表面的」には人間関係においてフレンドリーにしていても，職務・職位が明瞭化されすぎ，「現場の処理能力」と一致しないことからくるストレスに悩んでいた[8]。さらに，技能での役割分担という本来の概念が，「権力・主従・上下関係」という古代中国文明のような「支配構造」に転換されていた[9]。例えば，当時の AT&T, General Motors（GM），IBM 等の支配構造は 12〜14 の階級に分かれていた。その結果，指揮命令系統が明確なコマンド・アンド・コントロールという軍隊式のリーダーシップの元，すべてが，命令を「する側」もしくは「される側」という人間関係となる。また，命令する側がすべて責任を負うことになるため，される側は当然，「無責任」になる。そうなると，上司によるパワー・ハラスメント，部

---

[6] Barney（2004）が Ouchi にインタビューを行っている。
[7] 筆者の大学院時代，福利厚生の一環として，MBA を輩出する経営学大学院に，社費で若手を送り込む大手日本企業が多かった。また，企業評判を上げるべく，欧米で名門と言われる経営学大学院に寄付し，冠講座を作る大手日本企業もあった。
[8] 筆者は，科学的管理法（Taylor 1911）・フォードシステムのすべてを否定するつもりはない。なぜなら，科学的管理法においては，役割分担が明確で，出来高に合わせた報酬制と能力が明確に定義された管理職の条件は，野球・サッカーといったプロ・スポーツの常識であり，努力目標が「公明正大」になるからである。
[9] この現象は，財閥一族が社会を牛耳る今日の韓国と類似している。

下の「ルサンチマン（恨み）」が蔓延し，職務満足度はおろか労働意欲そのものを失ってしまうのである。結果として，上司の指示・命令若しくはマニュアルがなければ，「自ら，考え」動くということをしなくなる。これをOuchi は coordination（連携作業）と control（指揮命令）の葛藤と呼んでいる[10]。このような状況は，役職による「指揮命令系統」があまりにも徹底し，同じ業務をしているのに正規もしくは非正規かという「身分制度」が確立してしまった今日の日本の職場と酷似している。

　さらに，当時のアメリカでは，一企業の枠を超えた「組合」による労働運動が盛んであり，「私たち（ブルーカラー労働者）対あいつら（経営者・ホワイトカラー労働者）」という「区別的」なカテゴリーが社会秩序の一部として存在していた。この企業の枠を超えた組合で，最も強力なのが全米自動車労働組合であり，自動車産業の経営陣は彼らとの交渉に頭を悩ませていたのである[11]。そして，アメリカ人が語るジョークが，「月曜日と金曜日に作ったアメリカ車は買うな」である。理由は，週末の休みの前後は，アメリカ人の自動車工場の労働者は仕事にコミットせず，責任をもたないから，完璧な車は作られないというのである。

　当時，筆者が，大学院博士課程でニューヨーク州バッファローに住んでいた時，友人の白人アメリカ人から本音を打ち明けられたことがある。「私は日本車の〇〇に乗っている。燃費も良いし，壊れない。マイナス 25 度になるバッファローでも一発でエンジンがかかる。アイスバーンでも滑らない。すごい。でも，アメリカ車は絶対に買わない。自分の中学・高校時代の不真面目だった連中が××の工場で作る車なんて信頼できるわけがない。真面目な日本人が一生懸命作る車の方が良いに決まっている」と言うのである。このようにして，当時のアメリカでは，日本車に対する支持・信頼が，一般の消費者の実体験・口コミによって広がっていったのである。

　このようなアメリカのメーカーの自動車工場での「現場」とは対照的な，日本企業，特に大製造業の現場がメディア等でレポートされた。当時，すで

10　Barney（2004）のインタビューに Ouchi が答えている。
11　英語では United Auto Workers（通称 UAW）であり，ミシガン州デトロイトに本部を置き，団体交渉を行い，今もなお政治力を持つ。

に世界的自動車・オートバイメーカーになっていた Honda の創業者である本田宗一郎氏が，作業着を着て工場を回る姿は，日本企業では創業者・経営者も従業員・工場労働者も同じ「ブルーカラー」だという認識をアメリカ人に植え付けた。ソニー創業者の一人である盛田昭夫氏も SONY のロゴ入りの作業着を着ている姿が報道されていた。つまり，アメリカ人の労働者・平社員が思い描く egalitarianism（平等主義）に根ざした職場環境が日本企業には存在すると理解したのである。さらに，組織の階層がピラミッド化し，「経営陣は特権階級の貴族」，「使えない部下は使い捨て」が常識になっていたアメリカ企業に対し，「終身雇用」が可能であった日本企業をまるでユートピアのように考えるアメリカ人も多数いた。

　多くの日本人が誤解していることは，アメリカ人の大多数がハイリスク・ハイリターンの発想をし，起業家精神を抱くか，富を得るために，必死に名門大学・大学院を卒業し，企業社会の階段を上り詰めることを生きがいにしているということである。確かに，東西海岸の大都市並びにシカゴには，そのようなタイプの人間が多数存在するのも事実である。実際，西海岸にはスティーブ・ジョブズ氏，ビル・ゲイツ氏，マーク・ザッカーバーグ氏が存在し，ウォール街の大手金融機関には，年間約 500 万円の授業料を大学・大学院教育のため何年も払い続けた「高学歴」なサラリーマン・弁護士がたくさんいる。ところが，一歩，内陸部に入るか，中都市の郊外に行くと，地元の州立大学を卒業し，経済的な大成功よりも，生活安定を志向する日本の「大卒サラリーマン」タイプの白人層が多数存在する[12]。そのような中流階級を志向するアメリカ人にとっても，日本的経営・日本企業は彼らにとって働きやすい労働環境を提供すると解釈したのである。つまり，日本や日本文化に関心があるわけでもないが，彼らにとって「働きやすい・居心地がいい会社」が日本にあるという理解である。当時，筆者の周りにも北米に進出している日本企業に就職したい，転職したいと思っている人間がいた。実際，筆者が研究発表するためにアメリカの学会に参加すると，「私は，昔，○○という日本企業で働いていた。日本にもよく出張に行って，働き甲斐があっ

---

12 例えば，Mitchell（1983），Fussell（1992）等がアメリカ人の地域ごとのライフスタイル，階級意識を分析，批評している。

た」というアメリカ人に頻繁に遭遇する。

　1980年代後半に筆者がまだ大学院博士課程学生の頃，SONY U.S.Aの企業文化をのぞくことができた。「組織コンサルティング」という授業の一環で，ニューヨークのマンハッタンのとなりに位置するソニーのアメリカ本社を訪れたからである。「同じ釜の飯を食う」という日本的「社食」で，SONYワッペンのついた作業着を着たアメリカ人，日本人社員が入り混じり，楽しそうにランチを食べていた。社食では，日本食とアメリカン・フードが混在し，好きなものを選べた。昼食の後，日本人マネジャーとアメリカ人社員達が娯楽で盛り上がる風景は，筆者と同行したアメリカ人達にとってありえないものであった。つまり，アメリカの企業社会であれば，一種，「異様」でもあり共同体としての企業への「憧憬」でもあった。

　実は，このような「同じ釜の飯を食う」という日本的発想が，社員同士の「コミュニケーション」の活性化のためとして導入されたフリー・ランチ並びに「会社と大学の垣根がない」働き方となり，シリコンバレー企業でも導入されている。

　また，平等主義と「家族的」共同体意識を企業文化として創業したザッポスも，実は，かつての日本的経営と類似している。例えば，インタビューで，創業者のトニー・シェイ氏は，「従業員との関係に喜びを見出しているからです。ザッポスの従業員というのは同僚というよりも，むしろ友人。仕事が終わってからも，週末もいつも一緒にいたいと思える。こういう仲間と仕事をしている点がいちばん大きいですね」と語っている[13]。まるで，仕事が終わった後，同僚と飲んで帰る日本企業のサラリーマン達のようである。

　2017年にアメリカでトランプ政権が誕生し，1980年代のジャパン・バッシングを再燃させんばかりの言動がメディアで行われ，日本の自動車メーカーは震えあがった。その回避策も含め，2018年にトヨタとマツダが共同で，アラバマ州で工場を建設することを発表した。自社の工場のみならず，サプライヤー企業も進出していくことになるため，アラバマ州での雇用数は相当

13　週刊ダイヤモンド（2012）を参照のこと。さらに，ザッポスの経営管理は，賛否両論があるにせよ，明確な指揮命令系統を必要としないholacracy（Robertson, 2015）と呼ばれるものの一つである。

な数になる。そのため、アラバマ州のブルーカラー労働者にとっては、「すぐ首を切らない」日本的経営をやってくれるだろうという期待のもと、トヨタとマツダの進出を大歓迎している。さらに、2018年、フランスのノール＝パ・ド・カレー地域圏にあるトヨタ工場での700人の増員への歓迎がフランスのテレビで全仏ニュースにさえなっている[14]。つまり、学歴や専門的教育・知識がなくとも、入社してから on-the-job-training（通称 OJT）で技能を教えてもらえ、解雇されにくいという日本の大製造業の工場は、欧米先進国のブルーカラー労働者にとっては、依然としてユートピアのような職場なのである。

経済合理主義・機能主義で割り切れない優良企業になる要因

　企業文化・組織文化が経営学界ならびに実務家によって注目された背景には、日本的経営に加え、1980年代初頭に出版された2冊の世界的ベストセラーの影響がある。世界的ベストセラーとはピーターズとウォーターマン（Peters & Waterman 1982）の In Search of Excellence 並びにディールとケネディ（Deal & Kennedy 1982）の Corporate Cultures である。世界的ベストセラーが生まれた背景には、欧米、特に、英語圏での「行き過ぎた」経済合理性、機能主義に疲れ果ててしまった世相がある。1980年代当初のアメリカでは、本章の1節で述べた「労使間格差」に加え、アメリカ型経営の代名詞と言われるテイラー（Taylor 1911）の科学的管理法とフォードシステムにより、賃金カットとリストラの嵐が吹きまくっていた。特に、日本との「ものづくり」競争に完敗し、自分達ではどうしてよいのかわからなくなった五大湖工業地帯に加えアパラチア山脈付近の重工業地帯では、この傾向が顕著であった[15]。2016年のアメリカ大統領選挙でトランプ氏の支持母体となるブルーカラー白人労働者が多い土地柄でもある。こうした地域では、投資はおろ

14　France 2（2018）を参照のこと。
15　Vance（2016）に詳説されている。

か「人材」も含めた資本自体が目減りし，物価・不動産価格も相当安くなる。そこに住む人間の捨て台詞は，「ここの良さは，何でも安いこと」である。

　ところが，アメリカ西海岸，特にシリコンバレーには，真逆の世界があった。アップル，ヒューレット・パッカードといった「起業・発明型企業」の成功が語りつがれる土地柄である。実際，当時の技術水準では，たとえ大量生産・大量販売・低価格で攻めてくる日本製の自動車・家電が市場を席巻しようと，日本の家電メーカーは，スティーブ・ジョブズ氏が率いるアップルのマッキントッシュを越える「発明」はできなかった。当時の日本では，「ワープロ」が漸く普及しつつある水準なのである。ワープロとは，word processor をカタカナにし，略語化したもので，文書作成編集機である。筆者自身，アメリカの大学院で勉強するにあたり，日本製の「ワープロ」をわざわざアメリカまで持って行ったものの，「ワープロ」とは，タイプライターを少々軽くし，記憶装置をつけたという「改善」型マシーンである。結局，日本語の手紙を書く時以外，全く，使い物にならなかった。それに比べ，アップルのマッキントッシュは，小さく，操作が簡単で，大量のデータを扱う統計処理以外は，デスクトップ PC として十分以上だった。そして，指導教授やクラスメイトから，「日本製でも不便で使い物にならないもの」とジョークを言われた。

　このアメリカ人のジョークというのが，「余裕」の表れなのである。余裕とは，「改良・大量生産するのは日本人，創造・発明するのは私たちアメリカ人」であり，創造・発明する職場の土壌が「企業文化」というのである。つまり，同じアメリカという国でありながらも，中西部・東部にまたがるラストベルトにある鉄，自動車などの重工業とは産業構造が異なる西海岸とその付近には，余裕を持ち強気な人々が生活しているのだ。彼らには，当時の「起業・発明型企業」は，アメリカ産業界の闇夜に輝く「星」のように見えた。その成功体験・秘訣が神話化され，ストーリーにされたのが「企業文化」なのである。その成功話は，大工場生産方式を前提にしたテイラーの科学的管理法・フォードシステムとは異なる「起業，自分の信念・やり方でやる」というビジネスモデルが「神話化」されていた。この自分もしくは自分達の信念・やり方にこだわりを持つことを「企業文化主義」と呼ぶ[16]。

企業文化主義による経営手法は，従来の経営学，特に経営戦略・管理・マーケティングにもとづく手法とはずいぶん異なる。従来の経営戦略・管理では，「分解と足し算の合理性」から発想をする。まず，分解では企業目標（利潤・売り上げ・マーケットシェア等）を設定し，さらにそれを部課の目標にブレイクダウンし，個人の目標にまで細分化し，それを達成するための行動規定を厳格に定める。次に，足し算では，個人の行動が部課の行動になり，さらには企業全体の行動になり，最終的に企業目標を達成できると考える。さらに，目標であるはずのものが，部課では，「ノルマ」となり，特に販売の現場では，必死で達成させるため，自腹を切らせるところもある。商品・システム・サービスの開発において，マーケティングの手法を使うことにより，市場調査をし，消費者・ユーザーの細かいプロファイリング化をし，その嗜好にあったものを作ろうとする[17]。

　ところが，企業文化主義では，「分解と足し算の合理性」を重視せず，「融合，化学反応，掛け算」の発想が，成功し続ける秘訣であると考える。大雑把な発想であるが，ぎすぎすした人間関係・評価システムより，「この会社では，やりがいがある」，「給与面より，自分自身が成長していく気がする」，そして何より「ここで働いていると，刺激的でいつもわくわくする，何か面白い」等のポジティブな感情を持つようになるのである。また，詳細なマーケティング・リサーチによるデータをもとにした商品開発を重視しない。理由は，時間，労力，コストを使っている間に，ライバル他社が既に新商品を出してしまうと考えるからである。その代わりに，「この新しい商品・サービスによって自分たちが刺激をうけて，わくわくするのだから，世界中の消費者もそうだ」という「信念」を持つのである。この信念は「思い込み」と表現される場合もあるが，これが独自の思考パターン，つまり，イズム・「主義」に変わっていくのである。さらに，そうした主義を持った企業で働くことがその人にとって，社名を伴った「〇〇マン，〇〇ウーマン」としてのプライドとなる。このメンバーによるプライドと組織が同一化することを「組織のアイデンティティ」と呼ぶ[18]。したがって，企業文化主義の発想か

16　Willmott（1993）がこの運動を corporate culturalism と命名した。
17　ビッグデータに AI を組み合わせる手法が 2010 年代後半から注目されている。

ら言えば,「企業文化を強化せよ」となる。

　この「企業文化主義」は各企業の特徴を超え,シリコンバレーの「地域文化主義」として,ハードからIT, webへ移行しても,継続している。また,企業文化主義が地域に派生したいわゆるベイ・エリアは世界中から集まった「高学歴」で優秀な労働力によって莫大な「富」を蓄積していく[19]。さらに,その富を求め,世界中から優秀な人材がその企業・場所に吸い寄せられるという「マグネット効果」をもたらす。筆者の手元にあるグーグルの企業文化を垣間見るビデオをみると,このポジティブな企業文化主義がグーグルの成功につながっていたことがわかる[20]。だから,○○企業の経済的成功の秘訣が「企業文化」であると考え,そのコンテンツを研究し,移植しようと試みる企業がある。さらに,一度,業績不振に陥っても,本来の「企業文化」に戻ることにより「V字回復」することも可能なのである。その典型例が,アップルである。

「組織には文化がある」から「組織＝文化」

　これまでは,企業文化主義を唱える研究者達は,成功を収めた企業には何か他社には真似できない秘密があり,その秘密が文化であると提唱していた。つまり,文化とは,経営システムの一つであるサブシステムもしくは,組織の内的変数の一つであり,「企業が文化を持つ」という発想をする[21]。企業

18　Albert & Whetten (1985) を参照のこと。
19　Floridaによる creative class (創造的な社会階級) シリーズ (2002, 2005, 2007, 2008, 2010, 2012) と筆者の米国でのITエンジニアや研究・開発等の仕事に携わる creative class の人々が多く住む都市 (クリエイティブ・シティ) での生活体験をもとにしている。シリコンバレーの地域文化を分析している研究もある (Piscione, 2013)。ところが,副作用も出ている。creative class に属する人間の多くが住むサンフランシスコ周辺の家賃・不動産の高騰により,一般人が住めなくなったという理由から暴動もあった。いわゆる「グーグル・バスへの投石事件」である。
20　しかしながら,2018年11月,グーグル本社ならびに世界中の支社でストライキが起こった。グーグルが「集合近眼」に陥っていたことに対する抗議の表明である。第6章5節に詳細を述べている。また,世界各国でグーグルによる租税回避等の問題も話題になっている。さらに,グーグル (Google),アップル (Apple),フェイスブック (Facebook),アマゾン (Amazon) の頭文字をとって GAFA と呼ばれるプラットフォーム企業による市場独占も問題視されている。
21　Smircich (1983) 等がレビューし,整理している。

文化には，メンバーに「想い」・「考え方」を共有させ，共同体意識を醸成する機能がある。組織内に共同体意識を形成・維持するプロセスを組織社会化（organizational socialization）と呼ぶ。

共同体意識を形成・維持する必要性を認識する背景には，成功企業のストーリーの他，「機械的機能主義」に根ざした企業経営に対する行き詰まり，閉塞感があったからである。機械的機能主義を理解する前に，機能主義を知る必要がある。機能主義に関する様々な定義・見解は存在するが，簡単に言えば，「存在には必ず目的がある」と考えることである[22]。

また，組織の存在そのものが目的であるようには作られない。組織の語源は，ギリシャ語のorganonという道具，手段なのである[23]。人体の「組織」を思い浮かべてもらえばわかる。様々な細胞・器官によって構成されており，それが，「オーガニック」に結びついていることにより，生命体として人間が「動く」。そして，様々な細胞・器官の存在自体は，人体として必要な「機能」を果たすように作られている。目は見るものであり，鼻は匂いを嗅ぐもの，耳は聞くためのもの等，その存在には何らかの「目的」がある。そして，この器官はネットワークのようにつながっており，一人の人体を維持していることがわかった[24]。このような生命体のメタファーを使う機能主義を有機的機能主義と呼ぶ[25]。

これを企業経営でそのまま着想する場合もあるが，機械工学的な発想を導入することで，機械的機能主義という企業組織を一つのマシーン，つまり，機械と考える傾向が生まれる。その機械は，「構成物」つまり，「部分」，パーツで作られており，「品質」の高い部品を使えば，品質が高い機械になるとも考える。この部品，パーツというのが我々，「人間」なのである。さらに，経営者がスイッチを押すと，精密機械のように組み合わさったパーツ同士が動きだし，なんらかの目的を達成してくれるという発想もする。

こうした組織＝機械視は，あたかも，客観的であり経済合理性に合致するように思えるのだが，行き詰まる場合が多々あるのである。機械は「同僚意

22　社会学・文化人類学の「構造機能主義」では目的論を区別している。
23　例えば，Morgan（1986）を参照のこと。
24　例えば，NHKスペシャル「人体　神秘の巨大ネットワーク」（2018）を参照のこと。
25　Burrell & Morgan（1979），Morgan（1986）を参照のこと。

識」など持つはずがなく，エンド・ユーザーまで考慮した「徹底した品質管理」に取り組むわけもない。理由は，成果主義により，個人の目標を設定され，「限定された職務」を着実に遂行できる社員は増えるかもしれないが，自分の職務の「隣近所」まで気が回らなくなるからである。さらに，部品同士の連結がスムーズにかみ合わなくなるのである。また，お互いがストレスを与え合う道具になってしまう。連結のための「連絡」は，「言った，言わない」の責任回避をするためのメールやシステムという微妙なニュアンスが伝わらないツールを使用することになる。また，自らの機能としての優位性をアピールすることに加え，部品として擦り切れるまで働きましたという「自己犠牲」のアピールにも躍起になる。さらに，2017-2018年に話題になった日本の素材メーカーの不正のように，設定された目標が至上命題となった場合，担当者は「ごまかす」という知恵を働かせる。つまり，機械的機能主義の理屈は，かならずしも良い結果をもたらさないのである。

　この「機械的機能主義」の限界を打破するものとして「文化」は活用され，「ぎすぎす」した部品どうしの連結をスムーズにするための「機能の一部」であるという考え方になる。つまり，組織を完全に機械視し，部品である社員を摩耗するまで使い，故障した場合，使い捨てるとは考えず，「みんなでがんばろう」という想いと「一体感」を持たせるものが文化である。みんなでがんばろうという想いを持つようになると，他人の粗探し，足の引っ張り合い，ごまかしではなく，他の足りない部分・失敗をお互いに補い合おうという「補完作用」が生まれるようになる。このような企業文化による経営管理をクラン・コントロール[26]と呼ぶ。この経営管理法では，「忠誠心・自己犠牲のアピール」よりも，本当の意味での「組織への貢献」が可能になる。つまり，文化が「規範的接着剤」[27]の役割を果たすのである。さらに，企業文化は企業経営の隠れた「経営的資産」の一つであるという経営戦略論もある。文化に根差した経営戦略を策定するべきであるという研究もある[28]。

　しかしながら，企業文化による経営管理の研究が進むと，その「負」の側

26　Wilkins & Ouchi（1983）を参照のこと。
27　原語では normative glue と呼ぶ。Smircich（1983）を参照のこと。
28　Flamholtz & Randle（2011）等を参照のこと。逆に，企業文化を無視した経営戦略，吸収・合併も含めた戦略的提携は失敗するという研究もある。

面にも気づくようになる[29]。例えば、バーカー（Barker 1993）によるアメリカの地方にある半導体工場でのエスノグラフィーによれば、日本では長年鼓舞されてきた QC（クオリティ・コントロール）サークルが、「コンセンサス」を強要するコントロール・メカニズムであると報告している。「自主的」とは名ばかりで、チームの QC サークルに参加しないことは許されないという暗黙の了解の下、自分たちが自分たちをコントロールし、疲弊していくという内容である。つまり、自主性は、グループの「掟」により労働者自身を徹底的に追いつめるという「柔らかな」コントロール・メカニズムになりえるのである。興味深いのは、QC サークルを導入する以前のような、始業・就業時間が決まっており、さらに、厳密にモニターされ、残業も指揮命令系統でなされる勤務体系の方が、労働者にとっては心身ともに「楽」だったという指摘である。実に、「皮肉な」である。

クンダ（Kunda 1992）によるアメリカにある工業団地のエンジニアたちの職場でのエスノグラフィーも興味深い。組織文化とは、人々を特定の方向に知覚させ、考えさせ、感じさせる「操作」をする道具であり、人々はそこから抜け出せないように「なる」という研究をしている。つまり、世界中からうらやまれるシリコンバレーにあるような職場への羨望からくるイメージとは異なる「影」が、アメリカの職場にある。そこでは、柔軟で自律的な働き方ができているはずが、働いているエンジニアたちは自らを追い込み、疲弊していくというのである。

このような企業文化の「負」の側面に注目した研究結果を総括すれば、文化によるコントロールとは、ジョージ・オーウェルの小説『1984』という監視と支配が行き過ぎた社会になぞらえると、従業員を自主的に「奴隷化」するための道具ということになる[30]。これらの学術論文・著書が出版された 1992-1993 年当時は、「改善」、QC、看板方式等のトヨタ生産システム賛美主義が経営学界、特に、日本で謳われていた。一部の国を除き、欧米先進国の常識では、工場労働者は作業時間・効率が測定されるラインで機械のパー

29　これは、「パラダイムの闘争」もしくは論争が沸き上がった時期でもある。「学術的背景・系譜」の 2.3. からを参照のこと。
30　Willmott (1993) を参照のこと。

ツとして働かされ，職務満足度が低いのが日常的であるのに対し，日本の工場労働者は，ラインを自主的に止められ，さらに，組織学習として「改善」を提案できる「たぐい稀な」労働者である[31]。したがって，QC，「改善」は素晴らしい，という論調なのである。

しかしながら，これらの欧米の論文・著書から約10年経った2005年，トヨタの工場で夜中に30代のエンジニアが2002年に過労死した要因として，QCサークルへの自主参加，準備という記録されない残業があると遺族は主張している[32]。2年後の2007年には，法廷で「過労死」と認定され，さらに，2年後の2009年の冬には，トヨタ車の「品質」が疑われるリコール問題がアメリカのメディアで取り上げられ，2010年には日本でも当時，民主党政権によるトヨタバッシングも起こった。アメリカから導入し，日本で改良を加えたQC並びに「改善」は，はたして，最善な生産方式であったのだろうか。バーカー論文は，日本的経営，特に生産システムへの「警告」であったととらえるべきではなかろうか。

さらに，筆者が，首都圏にある大手IT企業の組織を調査・診断する際，クンダの著書を読んだ時，まるで日本のSEやプロマネと呼ばれる人々が働く職場そのものではないかと「錯覚」させられた。日本のSE業界は「死の行進」であったと報道されたりもする[33]。つまり，これらの欧米の研究を日本では無視できないのである。時代，文化的背景，微妙なコンテクストは異なるが，日本企業の職場に対する痛いほどの「真実」を示している。

このような欧米の企業文化研究で問われていることを，「我々日本人には関係ない，日本企業には該当しない」と一蹴する読者もいるだろう。しかし，「明日は我が身，我が社」であるととらえる方が現実的かもしれない。例えば，ペロー（Perrow 1999）の『ノーマル・アクシデンツ』（Normal Accidents）という名著には，「XとYのような条件がそろうと，重大なインシデントが起こる」と警告されている。この理論に対抗する高信頼性組織という理論も経営学者によって提唱されているが，2005年のJR西日本による福知

---

31 筆者も日本の工場・ラインで働いた経験が何度もある。
32 第1章2節も参照のこと。
33 朝日新聞（2013年2月1日朝刊）を参照のこと。

山線脱線事故，2011年の東京電力福島第一原子力発電所事故がノーマル・アクシデンツの通りに起こってしまった[34]。これを歴史の偶然として無視すべきであろうか。それとも，産業事故を歴史的に調査し構築した理論が時空間を超え，妥当性があるととらえるべきなのか。本書の第8章で詳述するが，文化・時代を超え，「別の国の組織による失敗・不祥事から学ぶ」，さらに，その逆として日本の組織の失敗を他の文化・次の世代に伝えるという学習サイクルが「世代・文化を超えたナラティブ・語り」であり，本書ならびに英語版の企画意図はそこにあるのである。

このような機能主義的発想からくる「組織が文化を持つ」という考え方とは異なる学派も生まれた。この学派では，「組織＝文化」という考え方をする[35]。この考え方は，経営学・経済学ではなく，文化人類学・社会学の方法論を土台にした経営組織研究をルーツとする。さらに，シャイン（Schein 1992），ヴァン・マーネン（Van Maanen 1988）等による組織文化学派により，経営学に定着していく。「組織＝文化」と考える組織文化学派では，各組織を維持する秩序は，それぞれの組織において「特異」であると考える[36]。この発想の転換により，前述の「組織が文化を持つ（組織機能の一部）という」機能主義の発想ではとらえにくい，「組織という秩序」つまりorderの重要性に気づくようになる[37]。さらに，この「組織という秩序」が不祥事の温床ともなる。

この学派では，組織文化は，見えやすいものから見えにくいレイヤー（層）で構成されていると考える。まず，部外者がなじみのない組織に来た時に，具体的に見える，聞ける，感じられるという層が表面にある。その下には，内部の人間達が共有する価値観という層がある。さらに，その下には，内部の人間が無意識に「当たり前」ととらえる前提の層があると考える。一番表層は，より具体的であり具現化しやすいため，日本でも1980年代後半

---

34 高信頼性組織論（high reliability organization theory）は，University of California at Berkeley, University of Michigan の研究者たちによって提唱され，Weick, Roberts, Sutcliffe 等がその代表である。
35 Smircich (1983) がレビューしている。
36 特異性は英語で idiosyncrasy と呼び，originality（独自性）とは異なる。
37 組織（化），秩序（order）については，第3章5節「ノルムクラシー（規範主義的組織）の誕生，仕事がスムーズに「流れ」・「回る」ことの二面性」において，詳述する。

から1990年代の前半にかけ,「組織文化のリエンジニアリング」と称し,広告代理店等が,CI (corporate identity) と混同させ,企業のロゴマークを変える,なんとなく存在するビジョンを具体化するという営業活動を行っていた。また,バブル経済の真っただ中,後期とも時期が重なったため,成功を誇示すべく,それを象徴化するための具体的かつ物理的なシンボルを用いることもあった。具体的・物理的なシンボルとは,立派に建て替えた自社ビル,世界中から買い漁った美術品,不動産等を意味する。また,新卒者を囲いこむための,一流と言われるホテル,レストランでの「顔合わせ会」等の「儀式」もこれに含まれる。組織文化のレイヤーの中間層にある価値観においては,主に,企業のホームページ,会社案内,報告書等に掲載する企業理念・戦略・目標を作るために,それを明文化することが多かった。

　一番見えにくく,体質の問題となるのが,最下層にある組織のメンバーたちが無意識に「当たり前」ととらえる前提,暗黙の了解なのである[38]。なぜかと言えば,表層並びに中間層は,「こうあるべき姿,行動」が対外向けに美しく具現化,表現される場合があるが,実際に組織のメンバーの行動パターンを導くのは,最下層にある「当たり前」ととらえる前提であることが多い。例えば,企業のホームページ,会社案内,報告書等において,企業理念・価値観で明言している内容の「良き企業市民として……」や「従業員を家族のように……」という文言と,不正を組織ぐるみで引き起こし,従業員を過労死まで働かせるという客観的事実とのギャップがある。つまり,組織が表面的に「言っていること」と現場で実際に「やっていること」が違い,「やっていること」を導くのがこの最下層に沈殿している「ここでは,当たり前」ととらえる前提であると考える。したがって,体質を解明するには,内部の人間が無意識に「当たり前」ととらえ最下層で沈殿している前提に焦点を当てる必要がある[39]。この最下層にある「沈殿している前提」を解明,調査する上での理屈は,次のようになる。

38　ここでいうところの暗黙の了解とは,Polanyi (1969) が提唱したtacit knowing（暗黙知）とは異なる。第3章で詳述するが,Husserlの現象学,Schützの現象学的社会学,BergerとLuckmannの社会的構築主義（もしくは構成主義）のtaken-for-granted assumptionsを意味する。
39　この「沈殿している前提」が目に見えない支配・抑圧のメカニズムになるという批判理論的組織研究も生まれた。「学術的背景・系譜」2.3. からを参照のこと。

1. 企業であれ，学校であれ，官庁であれ，組織というのは，複数の人間で成り立つ集合体である。

⇩

2. 集合体が存続，継続する上で必要不可欠であるが明文化されないなんらかのルール・了解・「当たり前」のようなものがある。

⇩

3. それを人々が習得し，秩序を形成していく。

⇩

4. 存続，継続するメカニズムが「文化」であり，組織＝文化そのものである。

⇩

5. このルール・了解のようなものは，各集合体において固有（もしくは特異）であり，「当たり前」である。

⇩

6. 「当たり前」であるために，そのメンバーには言語化・説明することが困難となる[40]。

このような調査をする上での理屈で，組織の体質を論じる上で注目すべき点は，人々が何気なく「当たり前」だと判断するメカニズムである。かつて「優良」と考えられた日本企業の不祥事を調査していると，組織のメンバーが疑問も抱かず「当たり前」だと判断してしまうその「日常性」にこそ真面目な人間の思考を停止させるメカニズムがあることに気づいたからである。

「生活世界」と現象学

組織のメンバーが「当たり前」だと判断することは，案外，部外者には当たり前でないことが多いものである。それは，なぜだろうか。

40　この件に関しては，第4, 5章を参考のこと。

それは，組織のメンバーだけが知る「領域」があり，その境には部外者との「境界」が生じるからである。この領域というのは，組織のメンバーが，彼ら自身で形成・維持している日常としての「生活世界」によって成り立っている。専門的な定義は別として，フッサール（Husserl）が提唱した生活世界とは「ほら，そこにある」という当事者の知覚を通じ体験的もしくは経験的に存在する時空間または環境である。この時空間は，客体的・物理的に存在する時空間とは別に存在するのである。そこは「主観」が介入し，フィルターとなり出来上がる時空間である。さらに，この「個人」の主観には，その人が生まれ育った文化・社会・宗教的な「他」によって形成される主観が影響しているというのである。この他との関係で形成・維持される主観を間主観もしくは相互主観と呼ぶ[41]。極論で言えば，例えば，日本人的な「そうなる」という「半受動的意識」のようなものが，能動的かつ論理的な思考を働かせる前にすでに存在するのである。そして，思索する人間そのものが指向し，主観・間主観のフィルターを通して見える「現象」の探究こそが，哲学であり，フッサールはそれを「現象学」と名付けた。

　誤解すべきでないのは，「現場」という生活世界にいる人々の知覚自体が，すべて不適切ではないことである。極端な例をあげれば，画家のポール・セザンヌは，山という景色の3次元で構成されているはずの対象物を相当デフォルメして描いている。遠近法を正統化する当時のフランスの批評家たちには理解されず，絵はまったく売れなかった。また，幾何学的でもフォトグラフィック的でもない。彼が描いているのは，山という物理的対象物ではなく，山が彼に迫ってくるという彼自身の主観的「知覚」を2次元で再現したと言われている[42]。このデフォルメされた知覚の2次元での再現とは，我々日本人にはなじみ深く，葛飾北斎の富嶽三十六景の神奈川沖浪裏（波富士）のあの「波」と，遠くに見える小さな富士山なのである。セザンヌの山にしても北斎の波にしても客観的・物理的には何の意味もない。ところが，セザンヌと北斎はこの対象物から受けた衝撃に「美の価値」を付け加え，2次元

41　原語のドイツ語ではIntersubjektivität，英語ではintersubjectivityと表現する。現象学における主観性対客観性の議論については，「学術的背景・系譜」2.4. からを参照のこと。
42　Merleau-Ponty（1948）を参照のこと。

で再現したのである[43]。

　この二つの例は,「山が迫ってくる」・「波が荒れくるっている」というその「現場」に居合わせたセザンヌと北斎の知覚を通した主観が美として再現されたものである。実は, 2次元での「再現性」という絵画の才能がない我々一般人も, 日常的に「職場」という現場の生活世界の中でなんらかの知覚をし, 意味づけをしているのである[44]。

　生活世界それ自体が悪いのではない。生活世界とは, ある特定の時空間として存在するものである。さらに, 生活世界から「常識」が形成され, 維持されるようになる。常識そのものは, 社会生活を送る上で必要不可欠である[45]。しかしながら, 日本的組織による不祥事の背景には, なんらかの不適切な「常識」が作用することも否定できないのである。つまり, 常識には「正」と「負」の側面があるのである。筆者はこれを「諸刃の剣」と例えた[46]。そして常識の負の側面から発症する集合体の病理を collective myopia（集合近眼）と命名した。さらに, ここでいう集合体とは, パーツが集まったマシーンのようなものではなく, 一致団結し, 一体感で生まれるようなものでもない。また, 公式な指揮命令・系統で成り立つものでもない[47]。普段, 我々が何気なく過ごす「日常性」によって成り立つ。さらに, 集合体は知覚と常識によって形成・維持・存続されるものである。このことが, 組織の体質を研究する上で, 従来の企業文化・組織文化研究との大きな違いである。第3章において, 集合近眼のメカニズムを説明し, 第4章ではそれがどのような影響を及ぼすのかを述べる。

43　Merleau-Ponty（1945）を参照のこと。
44　詳しくは, 第3章2節で述べる。
45　Berger & Luckmann（1966）を参照のこと。
46　Chikudate（2004）を参照のこと。
47　第3章5節で詳述している。

第3章
集合近眼という組織の病理
─Collective Myopia─

 集合近眼の定義とルーツ

　集合近眼とは,「自分達の職場・会社・業界では,あたり前で,がんばっているのだが,実はとんでもないことをやっている。ただ本人達にはそういう自覚がない」という現象を意味する。学術的定義は,「ある特定のコミュニティー・組織に属しているメンバーが,それぞれの生活を営んでいる文脈においては意味をなし,意味形成できるが,彼ら自らが作り上げてしまった（問題・困難が持ち上がりつつある）制度を,全体としてモニタリングすることが不可能となる状態」である[1]。この定義を目にすると,日本語が不自然だと受け止められるかもしれない。もっともである。本来,この定義は,筆者が漢字仮名交じりの日本語感という「ノイズ」を排除し,英語の語感で,定義したものであるからだ。筆者は,collective myopia という概念を構成するにあたり,ラテン語の collectivus とラテン語を経由した古代ギリシャ語の muōps を掛け合わせた。

　また,概念化のプロセスは,図表 3-1 にあるように,漢字仮名交じりの日本語感という「フィルター」を通さないこととし,その意図はドイツ語圏・フランス語圏・英語圏の哲学・現代思想の原文（text）をヨーロッパ語圏,

---

1　原語では,the situation in which members of certain communities or organizations are able to make sense and give sense in each context in which they live but are not able to monitor the emerging order or patterns as a whole created by themselves（Chikudate 1999a; 2002a; 2015）となる。学術的背景・系譜は「3.1. から」に詳述している。

主に英語，の語感と認識で読むことにあった[2]。その結果，欧米の学会等で，ヨーロッパ言語を母国語にする参加者たちから，「1990年代初頭までは，日本的経営がもてはやされたが，最近は，不祥事ばかりだ。大手日本企業の根本的な欠陥は何ですか」と質問された時，「collective myopia」と一言しゃべるだけで，彼らは深くうなずき納得するのである。つまり，音の響きと語感により，人種・文化を超え，以心伝心できるのである。

図表3-1を見れば，集合近眼という概念が，フランス語圏やドイツ語圏，ニュー・スクール，英語圏の哲学・社会思想をもとに「折衷主義」で構成されていることが一目瞭然であろう。この方法は，社会行動科学の分野で，計量的手法で学術論文を書く際に必要条件とされる先行研究・文献レビューとは異なる。欧州の哲学・社会思想で用いられることが多く，中核となるアイディア・着想の原典を遡るのみならず，自らの独自性・斬新性をポジショニングする方法である[3]。

集合近眼の中核となるアイディアは，哲学・社会思想の原書精読に没頭すると同時に，筆者が開発した「診断法」を用い，首都圏に本社がある大手日本企業数社での調査中に浮かんだ[4]。さらに，1997-1998年の旧第一勧業銀行（現，みずほ銀行）による総会屋融資事件で，「記者会見では私の考えを世間の常識にぶつけてみましたが，通じませんでした」等の「わが社の常識，社会の非常識」という現象があった[5]。これをさらに的確に翻訳すると「私には私利私欲はなく，我が銀行を守り，存続させるために，滅私奉公してきたのです。忠誠心でやったことですから，我が銀行内では，崇め奉り上げられることはあっても，非難される言われはない。しかし，コンプライアンスという市民社会のルールでは，私は犯罪者になってしまうのです」というものであろう。自分が所属する組織の文脈（context）では，だれもが「納得す

---

[2] 筆者の独りよがりの解釈にならないために，ドイツ語圏・フランス語圏の大学での研究会・学会等に頻繁に出向き，筆者の論文を読んでもらうか，発表を聞いてもらい，不適切な部分の修正や助言をもらった。
[3] Foucault, Nietzsche等の方法論を研究した。例えば，Foucault（1998）を参照のこと。
[4] 第8章でも述べるが，筆者が開発した体質診断法を用い，調査した結果をもとに，各クライアント企業に対し，不適切な常識を「見える化」し，そこから，どのように脱却できるかを具体的に提案するのが「実践診断理論」である。
[5] 真神（1997）を参照のこと。

第3章 集合近眼という組織の病理—Collective Myopia—

図表 3-1 Collective Myopia（集合近眼）の系譜—おおよその時系列配置—

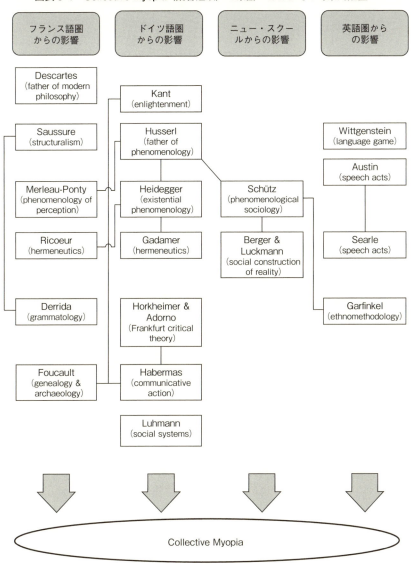

注：Chikudate（2015）より。一部筆者による訳を入れた。

る」もしくは「意味を成す」が，それはあくまでも内輪でしか通用しない「理屈」の中で，彼が入行以来働いていたことを意味する。さらに，歴史は繰り返す。2017年に発覚した財務省の官僚達の「忖度」に端を発して引き起こされた，森友学園への国有地売却決裁文書の書き換え・改ざん問題は，官僚社会の中でしか通用しない「常識」がまかり通っていたことを意味する。

集合近眼の定義で核となる「納得する」・「意味を成す」・「通用する理屈」という現象を説明するのが make sense ならびに give sense である。大学で経営組織論を履修したことがある読者であれば，sense making という単語を目にすると経営組織論の「巨人」を思い浮かべるだろう。ワイク（Weick 1995）である。ワイクが sense making という用語を経営学に定着させたのは，Sensemaking in Organizations という著書であり，Administrative Science Quarterly 等の通称「A ジャーナル」とされる学術誌に掲載した彼の論文である[6]。

sense making とは make sense の名詞化であり，make sense とは，第一の意味では，「明確に意味を読み取れる」，「簡単に理解できる」である。これは，通常，個人の認識で起こる機能であり，ワイクの場合，これを組織化のプロセスに応用した[7]。筆者が提唱する集合近眼理論で使う make sense がワイク理論と異なるのは，make sense の第二の意味，「reasonable」から派生していることである[8]。第一の意味では，「もっともだという判断（judgment）ができる」であり，第二の意味では，「適切な（appropriate）状態に最大限に近い」である。ここで筆者が注目したのは，第二の意味であり，どこから「適切」だという「判断」のメカニズムがくるのだろうかという疑問である。さらに，不祥事の温床となる「会社の常識」は，新入社員・中途採用・派遣会社の人間は別として，特定の個人の判断によるものではなく，多くの社員，もしくは，経営陣に加わってきた人間たちが「共有していると思い込む」状

---

6 A ジャーナルとは，Web of Science, Clarivate Analytics 等に登録され，各分野のインパクト・ファクター（他の国際レフェリー・ジャーナルに掲載された論文での被引用）によって，最上位に順位づけられる国際レフェリー・ジャーナルを指す。自然・生命科学の分野では，Science, Nature 等が該当する。

7 ここで言う組織化とは「組織を作る」ことではない。複数の人間が集まり集合体になったものが，秩序化し，さらに常に「動いている」というダイナミックな状態を指す。簡単な例では，グループのメンバーが定まっていないジャズのセッションのようなものである。英語では organizing となる。

8 「学術的背景・系譜」の 3.1. からを参照のこと。

態なのではないかという問題設定からくる[9]。

　それでは，なぜ，「共有していると思い込む」状態が起こるかと言えば，「言わなくとも（書かなくとも），わかるだろう」という個人が意味を付与したもの・意図を，他人に伝播する日常行為によって「半意識的」に学習していくからである[10]。この言わなくとも（書かなくとも），わかるだろうという意味の付与・伝達を sense giving と言う。お互いに「言わなくとも（書かなくとも）わかる」という意味の受け止めが sense making なのである[11]。このメカニズムは，会社・組織の上層部，上司からの指令・命令による「わが社・省・庁では，これは〇〇ということです」というような意味の「送り手」から意味を限定する，もしくは一義性を強要するようなものではない[12]。意味の「受け手」が自発的に解釈することとの相乗効果によるものである。さらに，この意味の「送り手」と「受け手」によるコミュニケーションにおいて，意味の一義性を追求・確立するよりも，お互いに「適切」だと「思う・思われる」を優先するのである。他人から，特に，職場や公という集団の場で「不適切」だと思われる，見られることに最大の恐怖を感じる日本人同士によるコミュニケーションはこの典型である。

9　なぜ，新入社員・中途採用・派遣会社の人間が会社の常識をすんなり受け入れないかは第5章2節で詳説する。
10　この点が，企業文化主義のようにある程度「明言化」できるものとは異なる。第2章2節に詳説している。
11　この典型的な例は，2017年5月末に話題になった元文部科学省次官から示された文書による官邸と文部科学省とのやりとりであろう。「忖度」行政の要因となるものであろう。さらに，これは，日本固有のコミュニケーションのせいかと言えば，そうではなく，high context（HC）文化圏で起こりやすい。HCとは対人間コミュニケーションにおいて，明確にコード化・言語化されず，言葉で主張はしても，「なんとなく」，「言わなくとも」でやりとりをする。この対極が low context（LC）文化であり，できる限り明確にコード化し，言語化・明文化し，論理的説明をする。究極のLCは，プログラム言語である。HC文化圏は，漢字・儒教圏の日本・中国・韓国を含み，LC文化は，主に，ドイツ語圏，スカンジナビア語圏，英語圏である。原典は Hall（1976）を参照のこと。さらに，Meyer（2014）にも実体験的な記述がある。
12　「学術的背景・系譜」2.4. からで述べているように，意識とその対極の無意識の中間にある「半意識」とも言える概念が，Husserl が唱えた現象学での一つの重要な研究テーマであり，脳科学の発展によりそのメカニズムが明らかになりつつある。

3.2. 「現場」での知覚
―「流され,集団に埋没する」主観性―

　この「送り手」と「受け手」によるコミュニケーションにおいては,この双方間で意味の一義性を追求・確立するよりも,お互いに「適切」だと「思う・思われる」に気を配る。つまり,言語で合意されず「流され,集団に埋没する」主観性が存在し,それが時間の経過とともに集団の合意であると錯覚されるのである[13]。「流され,集団に埋没する」主観性とは,「場」の「なんとなく疑義を言えない集団・集合・全体的な雰囲気・空気」に飲み込まる主観である。そして,その「雰囲気」・「空気」を感じ取る時空間こそが,「生活世界」であり,そこで生きている,働いている人にはなんらかの意味のやりとりが起こる。例えば,「今日の会議は,誰も部長に意見を言えるような雰囲気ではなかった」ということが多々あると思う。これを当事者は,物理的に客観的にとらえているのではない。会議に参加した人間たちで作られる間主観が「雰囲気」・「空気」を感じ取ってしまった段階で知覚を通じなんらかの意味づけをしているのである[14]。

　さらに,これに「実践」という行動が加わったものが「現場」である[15]。日本語では「長いものに巻かれろ」という言い方をするのかもしれない。問題ある組織では,この現場「から影響を受ける」もしくは「に影響する」ダイナミクスが動いている。つまり,不祥事を起こす組織の現場にいる当事者は,「被害者」であるとともに同時に「加害者」にもなりうる。したがって,組織の体質を探究するためには,フッサールが提唱する生活世界,「現場」という時空間にいる人々の知覚で構成・維持・変容される世界を再検討する

13　Habermas が唱えるようなすべてが言語化で合意される間主観性とは異なるメカニズムである。「学術的背景・系譜」2.4. ならびに 3.2. からで詳述する。
14　本書でいう「空気」とは世の中の「風潮」・「風」ではない。主体となる個人が存在する「場」の時空間である。この点が類書と異なる点である。
15　ここで言う,「実践」とは普段の日本語で使われる意味とは異なる。「通用する」という肯定的な意味も「通用しない」という否定的な意味もない。「行為者」が特定の時空間（現場）で言動にたずさわることを意味する。これは,古代ギリシャからの学術背景で説明が必要であるが,praxis の概念から派生する。Heidegger が praxis の概念をさらに発展させ,彼の実存主義につながっていく。図表 3-1 を参照のこと。

必要がある。

組織の「常識」

　日本企業による不祥事の記者会見等でよく耳にする「我が社・業界での常識，社会の非常識」というのは，特定の組織・業界の人間で，共有されていると思い込む間主観性で構成される生活世界で成り立つものである[16]。さらに，間主観性で構成される生活世界は，その人間達が「前提」とする解釈から作られる「背景的知識」によって限定される[17]。背景的知識は，その人間達を取り巻く「物理的」な環境を「このように知覚し，このような現実[18]としなさい」という「型」を提供する。さらに，背景的知識は，状況をどのように定義したらよいかで悩ませない，その人間達の「暗黙の了解」に導く。この状況の定義で悩ませない「暗黙の了解」により，その人達が集合体への「一体感」を安定させ，継続させるようになる。逆に，一体感の安定性と継続性により，その人達は自らが背景的知識によってコントロールされている状態に気づかなくなる。

　さらに，その人達は，背景的知識によって「目の前に現れる組織の現実」を構築・構成するため，「目の前に現れる組織の現実」を彼らが意識的にコントロールしたり，改変することはできない。なぜなら，その現実は，「半

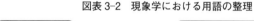

図表 3-2　現象学における用語の整理

出所：筆者作成

16　図表 3-2 で，主観性，客観性，間主観性の関係を記している。
17　Habermas（1981）ならびに Berger & Luckmann（1966）を参照のこと。ここで言う知識（knowledge）とは，「知っていること」でなく「現象に特性を備えるもの」を指す。
18　現実（reality）とは「目の前に見える現象に付随しているが，自分の意志とは独立して存在するもの」を指す。Berger & Luckmann（1966）を参照のこと。

意識」の中で構築・構成されるものだからである。むしろ，その現実に彼らがコントロールされることになる。さらに，彼らはその現実を「事実」として「客観化」もしくは「客体化」する[19]。これを「客観化される事実」と呼び，その人達は「客観性」と勘違いしながら，判断基準として用いるようになる。この意味では，知識とは「客観化された意味」となる。この客観化された意味をもたらす活動が「制度」であり，意味がより制度化されればされるほど，その意味の「妥当性」をだれが，どこで，どのように作ったのかが不明確になる[20]。その結果，その人達は，知覚を通じて行う「判断」での基準を疑問視することが困難になる。つまり，この状態になると個人の自律性は完全に「埋没」するのである。さらに，集合近眼に罹った組織のメンバーは，判断基準を自己診断する可能性を自らの行為で破壊する。これが，「当たり前」・「自明なこと」・「暗黙の了解」が形成されるプロセスである。言語化されずに「言わなくともわかるだろう」・「言われなくともわかります」という暗黙の了解・合意を「常識」と呼ぶのである。このメカニズムが会社・組織で動くと，暗黙の了解を熟知し，それに迎合するか，それを巧みに操る人間は，「あいつは若いのに組織というものをよくわかっている」，「あの方は我々のことをよくわかっていらっしゃる」と評価されるようになる。

　ところが，特定の会社・組織の常識というのは，あくまでも，そのメンバーたちが持つ「背景的知識」という限定された「知覚の型」で構成されるため，会社・組織の外の人間が持つ「背景的知識」と完全なずれが生じる。これが，「会社・組織の常識，社会の非常識」が生まれるメカニズムである。さらに，業界全体に広がる[21]。図表3-3において，「会社・組織での常識，社会の非常識」のメカニズムを図式化した。

　ここで誤解すべきでないのは，言語化されない暗黙の了解・合意というのは，かならずしも悪い意味合いがあるわけではないことである。この言語化されない暗黙の了解・合意により，いちいち「言葉による」説明をする必要がなくなるからである。言葉による説明をしなくとも「問題なく」話せる，

19　Berger & Luckmann（1966）を参照のこと。
20　Berger & Luckmann（1966）を参照のこと。
21　新制度論（Powell & DiMaggio, 1991）を参照のこと。

第3章　集合近眼という組織の病理—Collective Myopia—

図表 3-3　「会社・組織の常識・社会の非常識」が作られるメカニズム

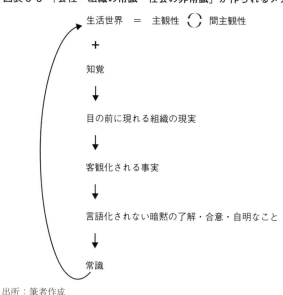

出所：筆者作成

ふるまえるということが「一人前」と呼ばれ，大人，社会人と言われるようになる。逆に，言葉による説明は，生まれたときから親・兄弟等から受け，さらに，他人との良好な関係に加え，社会の「一部」として機能するために「学校」で嫌というほど受ける。そして，「やって良いこと・悪いこと」，「言っていいこと・悪いこと」の線引きを習得するようになる。この習得された線引きこそが社会の「常識」なのである[22]。

しかしながら，会社・組織の常識が不祥事の温床になってしまうのは，その習熟度が組織内での権力闘争・政治・昇格・降格・人事異動・評価という「結果」に反映されると思い込んでしまうためだ[23]。実際，そうなる場合も多い。また，「この組織で出世する，生き残るためには，自己犠牲はおろか泥水もすすらなければならない」と先輩・上司から教えられる場合もある。実際，1997-1998年の日本金融システムがメルトダウンした際の裁判の過程で，金融機関の重役たちが，「ポストが上がれば汚い水を飲まなければと自

22　Berger & Luckmann（1966）は，これを socialization（社会化）と呼ぶ。
23　この思い込みを patchworking と呼ぶ。Chikudate（2002a）を参照のこと。

分に言い聞かせた」、「原罪として背負っていくしかなかった」という述懐もあった[24]。さらに、「後の人に任せればよい」と問題を解決せず先延ばしするために、「見ざる・聞かざる・言わざる」を教え込まれる場合もある。加えて、20年後の神戸製鋼の品質データ改ざん問題で、「自分たちの時代に『不正をやめよう』と声を上げるべきだった」と工場の幹部が語っている[25]。

　当然、このような職場環境では、その組織外の社会、さらに日本の外にあるグローバル・コミュニティで動く常識は、その組織のメンバーの「判断」に影響を及ぼすことはない。そして、「良き一市民」であることよりも、組織内での保身、出世欲、金銭的満足度が勝るようになる[26]。さらに、このような常識に支配された組織内での保身、出世は、本質的な組織への貢献以上に「自己犠牲」とそのアピールによるところが大きい。その結果、「組織人間」となり、市民社会での遵法意識を優先させなくなる[27]。理由は、自分と同じような「組織人間」が「世間」に増産されていると「思い込む」からである。この一般化する思い込みを「一般化される他者」（generalized others)[28]と呼ぶ。例えば、1997年に総会屋への利益供与事件で引責辞任した三菱自動車の会長が、「株主総会は（議長として）六回やったが、正直なところ、世間の企業並みでありたいという気持ちだった。世間並みとは三十分前後だ」とこの思考パターンを打ち明けている[29]。

　さらに、日本人には、個人の能力、資格よりも「○○に属している」という「名刺」で他人を評価する「尊敬のピラミッド構造」のようなものがある[30]。そのため、自分が属している企業・組織を世間・メディアが「一流」と崇め奉るほど、順法意識よりも、組織内での「居心地」ならびに「昇進」

24　読売新聞（1999年1月21日朝刊）を参照のこと。
25　朝日新聞（2018年6月7日朝刊）を参照のこと。
26　誤解を招きたくないので断りを入れておくが、筆者は、組織内での自己保身・出世欲・金銭的満足度の追求を否定するつもりはない。なぜなら、それが「動機付け」の原動力にもなる。さらに「良き一市民」という概念が加わることにより、バランスが取れた「企業人」になるという説もある。これを、企業倫理では ethical leadership（倫理的リーダーシップ）と呼ぶ。古代アテネの哲学、特に、アリストテレスの哲学で ethics という考え方の普及こそが、自由・民主的な経済・自治空間の「ポリス」を維持・繁栄させることになると考えたからだ。アリストテレスはアレクサンダー大王の教師であった。
27　Whyte（2002）を参照のこと。
28　Mead（1934）を参照のこと。
29　読売新聞（1997年11月15日朝刊）を参照のこと。

を優先させる組織人間が作られるのではなかろうか。さらに，転職市場が開かれるようになったと言われるものの，日本の雇用慣行では，歳をとればとるほど，良い条件での転職が困難になり，「やめたくても，やめられなく」なる。そして不正を黙認するか，「せっかくだから」と地位を悪用し，甘い汁を吸おうとする人間も出てくる[31]。これが，メディアで報道される神戸製鋼のような日本を代表する優良企業で約 40 年続く不正が放置され，贈収賄のような不正行為が霞が関で繰り返される要因の一つかもしれない。

〜らしさという「規範」の功罪

　組織の「常識」のメカニズムを解明したとしても，それが，なぜ，どのように不祥事につながっていくのかという説明には不十分である。特に，明文化・明言化されない常識がすべて不祥事を導くとは思えない。本書の「はじめに」でも述べたが，不祥事とは英語で wrongdoing と訳させる場合もあるように，行為者による doing という実際の「動作」・「行動」によって引き起こされた結果なのである。つまり，「知覚」・「認識」で構成される「常識」から実際の「動作」・「行動」につなぐ説明が必要となる。行動科学・社会心理学では，個人の欲求・意図等の様々な要因を変数に加え，因果的に説明するだろう。しかし，筆者は，「規範」つまり norm が組織の常識と実際の「動作」・「行動」をつなぐものであると考える。ここでいう規範とは法学的なものとはずいぶん意味合いが異なる。どちらかと言えば，ノーベル経済学賞を受賞したアカロフとクラントン（Akerlof & Kranton 2000）の「アイデ

30　これは，日本に限らず，儒教から来るという説明もある。加地（1990）を参照のこと。東アジア儒教圏では，大学にせよ，企業にせよ，「中身」ではなく，世間的評判により，「富士山」のような尊敬の構造が出来上がる。そのため，受験戦争が激しくなる。アメリカの大学の場合は，富士山のような構造ではなく，台形である。実際，ノーベル賞受賞者・輩出者の数を計算すると，上位 20 程度の大学は，ほぼ同列である。さらに，日本では著名ではない大学にもノーベル賞受賞者がいる。「勤める」・「人に使われる」よりも「起業」して，自律性と経済的成功を得た方が良いと考える人も多い。

31　官僚を嵌めるという自称，「コンサルタント」達が贈賄側・収賄側をマッチングさせようと霞が関周辺を徘徊している場合もある。事務次官を含む数人の局長クラスが辞任した 2018 年の文部科学省における贈収賄事件においては，コンサルタントが背後におり，官僚と結びついていた。朝日新聞（2018 年 9 月 22 日朝刊）を参照のこと。

ンティティ経済学」で言及されているものに近い[32]。筆者は,ハーバーマス（Habermas）の定義である「行動に対する集合的期待」を採用する。つまり,「あれっ,この状況って正しいのだろうか,間違っているのだろうか」という判断をする時,「この場合,こういう風にふるまって（話して）おけば,やり過ごせる」と意思決定するのである。これは,道徳的・倫理的な基準,機能主義にもとづく判断よりも,「社会人として」,「大人として」,「一人前として」,「この組織の一員として」の行動・言説の「型」に軸足を置くのである。アカロフとクラントンのアイデンティティ経済学では,自己が準拠する集団の一員として行動をすると考える[33]。ここで注意すべきことは,何もしない・発言しないというのも規範の中身であることである。そして,規範に迎合し,言動することを英語ではnorm-alongと表現するが,これを形容詞にするとnormalであり,つまり「普通」であると周りの人間から判断されるのである。普通とは規範に迎合していると周りの人間から判断される状態を指す。

　なぜ,日本的基準の高学歴で優秀とされる人間で構成されている日本の優良企業・官庁で不祥事が起きやすいかと言えば,明文化された職務・倫理規定以上に,組織内の規範に迎合し,行動するからなのである。例えば,2017－2018年の森友・加計問題で「忖度」という摩訶不思議な言葉が注目された。「総理はこういうご意向なのだから,私はこうふるまうべきではないか」という忖度こそ,霞が関にいる官僚が出世していく,もしくは自己保身のための規範なのであろう。本来の官僚ピラミッドを駆け上がる人事レースでは,ばれなければ,「気が利く」官僚として,首相官邸から評価を受けていたのであろう。

32　Akerlof & Kranton（2000）ならびにKranton（2016）が述べている規範との違いは,彼らは,男・女等の社会的カテゴリーとそれへの同一化という行動原理としているのに対し,Habermas（1970）の場合,社会的カテゴリーとその同一化という社会心理学的な概念を前提としていない。DurkheimならびにMead, G.H.の社会学を参考としている。
33　Akerlof & Kranton（2000）ならびにKranton（2016）を参照のこと。

ノルムクラシー（規範主義的組織）の誕生，仕事がスムーズに「流れ」・「回る」ことの二面性

　組織のメンバー全員が規範に迎合しながら言動をするようになると，スムーズな「流れ」を生むようになる[34]。流れが生まれた状態では，「これは問題だ，変だ」という「驚愕」がなくなるため，各人の行動がうまく連動し，実際仕事がスムーズに「回る」のである。さらに，確認・承認・決裁といった他の役割となんらかの「処理作業」でも「さくさく」終わるのである。この「終わる」という感覚は，「業務を適切に遂行する」というより，会議が長引かない，就業時間・最終電車の時間までに「仕事が片付く」というものである。つまり，時間的な経過，「時の流れ」を半意識的にとらえながら，集合体の中で，仕事を「ただやっている」というのが「流れ」である。

　さらに，この「流れ」は各パーツで構成され，スイッチを押すと，電流が走り，各パーツが連動し，なんらかの生産・処理作業をこなす機械のようにautomata，つまりオートメーションのごとく機能する。このオートメーションのような状態が，集合体の order（秩序）を生む。その結果，上司からいちいち命令されなくとも組織化（organizing）することが可能になる。集合体が秩序だった状態をドイツ人は Alles in Ordnung（everything in order），つまり，「すべてが秩序だっている」と表現する[35]。これを日本人は「和」と呼び，尊び，「当たり前」だと思う。実際，集合体がスムーズに「回る」状態を，日本人は「効率が良い」と判断する[36]。さらに，この「当たり前」，「回る」という日本人が考える職場の効率性を維持するために，自分たちと

34　このような行為をエスノメソドロジーの創始者 Garfinkel は，「スムーズにルーチン化された協調行為」と呼んだ。各人の行動がうまく連結することを既存の経営組織論では，Weick（1979）が interlocked behaviors 等の用語で説明している。
35　日本の社会学・組織論で，ドイツ社会学の Luhmann が提唱したオートポイエーシス的機能主義が注目された背景には，日本の組織ですでに存在していた「処理・生産」の仕組みとの類似性があり，それを理論的に肯定してくれたと認識したことがあろう。
36　アメリカ人の文化人類学者の Rohlen（1979）は，日本の銀行で，エスノグラフィーを行い，harmony つまり「和」が日本的組織の強みであると述べている。しかし，皮肉なことに，この「和」のおかげで，「臭いものにふたをする」という処理・決裁・意思決定のやり方が慣習化され，「常識」になってしまったのが旧第一勧業銀行等の「総会屋事件」の背景にある。

同類，均質な志向をする人間を積極的に採用する傾向にある[37]。

しかし，この規範による組織のコントロールから生成される「回る」という状態は，必ずしも良い結果をもたらさないのである。それは，まず，機能主義的に，次に倫理的に，である。稟議書が回ってきても，内容をきちんと確認しながら「捺印」している組織人がどれだけいるだろうか。常務会であれ，部署であれ会議において，反対意見いわんや質疑をする人間がどれだけいるだろうか。「協議」とは名ばかりで，議長があらかじめ答えを用意しており，全員が何も質疑しない会議がどれほど多いだろうか。実際，自らは会議で質疑せず，腕を組んでうなずいていると，「あいつは，若いのによくわかっている。できる」，「あの方は，さすがだ」と評価されるのである。

例えば，前述の旧第一勧業銀行等の「総会屋事件」での逮捕者への評価，尊敬である。逮捕された元副頭取について，「大変すばらしい方だと思っています。真のバンカーとはあのような人のことでしょう。都市銀行業界の良き伝統を受けついだ実にオーソドックスなバンカーで，業界内でも知名度が高かった」という行員までいた[38]。

確かに，効率を考えれば，限られた時間内で処理をし，決めなければならないという切迫感は理解できる。しかし，なんらかの「不適切」な事案を見過ごしていないだろうか。「和」のおかげで，「見て見ぬふりをする」・「臭いものにふたをする」という処理・決裁・意思決定のやり方が慣習化され，「常識」になってしまったのが旧第一勧業銀行等による「総会屋事件」の背景にある[39]。映画『金融腐蝕列島　呪縛』[40]の冒頭に出て来る常務会のシーンで，きちんとした担保もなく，巨額な融資が「焦げ付き」始め，それがようやく話題になる。そして，顧問弁護士に，「先生，これっておかしくないですよね」と確認し，「大丈夫です」となる。つまり，ここで「臭いものにふたをしている」のである。ところが，後ろに座っている役所広司氏が演じる主人公の経営企画の書記から「ちょっと待ってください……」という発言

---

[37] 経団連（2017）を参照のこと。
[38] 真神（1997）を参照こと。
[39] 事件の概要は，第1章2節に記述している。
[40] 第1章2節でも述べている。旧第一勧業銀行による総会屋不正融資事件を題材にした映画である。

が飛び出し，全員がはっとする。さらに，その会議の後，主人公の直属の上司である課長に対し，部長が，「なんだね，あれは，僕の頭を飛び越えてどうしてああいう（流れを止める）質問をするんだね」と説教をする。コンプライアンスという観点からみれば，この主人公は，「適切」かつ「責任」を果たす言動をしているのである。しかし，この銀行の体質では，「けしからん」というわけである。つまり，「見て見ぬふり」，「臭いものにふたをする」というのが，規範になっていたのである。実際，旧第一勧業銀行の元頭取は，1997年7月30日に記者会見で，「都合の悪いことは表ざたにはしない，見て見ぬふりをする，といった体質が行内にあった」と認めている[41]。その結果，旧第一勧業銀行の内部では，意思決定・決裁・業務が「回り」，「流れる」のである。実際，有罪判決を受けた旧第一勧業銀行の常務は，「流れの中で反社会的勢力に加担し，申し訳ない」と被告人質問で述べている。ここに，「流れ」という言葉が出てくるのである[42]。

　つまり，規範を学習し，それに則した行動をすることで秩序が成立し，その秩序を乱さない仕事のやり方が「正しい」と考える「手続き主義」[43]の組織が出来上がるのである。この「規範」・「秩序」・「手続き主義」で仕事が回る組織を「相互作用で成り立つ手続き的インフラストラクチャー」[44]と呼ぶ。集合近眼という体質の組織では，この手続き的インフラストラクチャーが，機能主義ならびに合理性を追求するはずのヴェーバー（Weber 1956）型の官僚主義的な決裁，意思決定システムにとって替わるようになる。そして，このような組織を，筆者は「ノルムクラシー」（規範主義的組織）と呼ぶ[45]。このノルムクラシーは不祥事が発覚しなければ，安定し，継続される。例えば，旧第一勧業銀行による総会屋利益供与事件の判決前の法廷で，「（逮捕者

41　東京新聞（1997年8月1日朝刊）を参照のこと。
42　読売新聞（1998年10月19日夕刊）を参照のこと。
43　原語では，proceduralism となる。
44　原語では，procedural infrastructure of interactions となる。
45　筆者が英語版で normcracy と命名した。規範を意味する norm に体制・制度を表す cracy を付け加えた造語である。使われ方として，democracy, bureaucracy のほかに，組織論では adhocracy（ジャズのセッションのような即興性を重んじる組織・集団）や holacracy（階級・指揮命令系統がなくとも組織化できる組織・集団）等がある。シリコンバレーにある組織やフロリダが示したクリエィティブクラスが働きやすい IT や研究・開発といった「創造性」をはぐくむ組織文化を持つ組織では，adhocracy や holacracy の原理・原則で動くところも多い。

を出すという）犠牲がなければ，長年システムとして続いてきたものを全廃することはできなかった」と証言する元重役の被告が一人いた[46]。ここで言うところのシステムとは，機能主義ならびに合理性を追求するはずの良い意味でのヴェーバー型の官僚主義的な決裁，意思決定システムをノルムクラシーが食い物にした結果，出来上がるものである。

　20年を経過し，旧第一勧業銀行事件の温床になった集合近眼は，また，ゾンビのように復活してくる。今度は，日本を代表する「優良大製造業」である。2017年の冬頃から，日産自動車・SUBARU・スズキ・神戸製鋼・東レ・三菱マテリアル・川崎重工等における日本を代表する「ものづくり」企業で不正が露呈している。その根源には，規範による「流れ」・「回る」で構成される手続き的インフラストラクチャーが組織の体質として定着していたことがあるのではなかろうか。かつては，品質管理を徹底させる機能主義で秩序だっていたはずであるが，いつしか，ノルムクラシーにとって替わられ，表面的な「流れ」・「回る」だけを追求していたのではなかろうか。この表面的な「流れ」・「回る」を追求することを「納期優先」という言い方で表し，東レの現場でもそれが不正を常態化させる動機となっていた[47]。

　この現場の人間の思考パターンは，神戸製鋼での不正の動機にもあった[48]。製造所で元幹部だった男性が「納期を守れなかったら顧客も困り，ライバル会社に仕事を取られると考えた」と語っている。さらに，これを「現場での『あうんの呼吸』でやっていた。ある程度の工程を踏めば問題ないと思った」と元幹部は語っている[49]。まさに，ノルムクラシーの「流れ」，「回る」そのものである。さらに，「不正が続いて感覚がまひしていた」とも語っている。また，1997-1998年の金融機関のMOF担による旧大蔵省官僚・日本銀行員への過剰接待を「ザブン」・「ドボン」と呼んでいたのと同様に，神戸製鋼においても，検査結果の数値書き換え行為を「メイキング」という隠語で呼ん

46　読売新聞（1998年10月19日夕刊）を参照のこと。
47　毎日新聞（2017年12月27日夕刊）を参照のこと。
48　朝日新聞（2018年6月7日朝刊）ならびに朝日新聞（2018年6月6日夕刊）を参照のこと。
49　この「あうんの呼吸」は暗黙の了解でなんらかの働きをするものである。そのネガティブな面を克服するのがHabermasの唱える「議論を通じ，言語化し，真の合意を形成するプロセス」としてのコミュニケーション的行為である。「学術的背景・系譜」にある3.2.からを参照のこと。

でいた[50]。2018年6月21日に開催された株主総会では，神戸製鋼社長が「組織風土や役員，社員の意識などの面で根深い問題を抱えていると言わざるをえない」とそれを認めている[51]。つまり，集合近眼の典型的な症状であった。

　以上のように，不正を常態化させていた日本を代表する大製造業に定着したノルムクラシーでの「優先順位」は，流すことと，回すことである。さらに，組織の上層部には，表面的な「流れ」・「回る」が効率性・生産性と映ったのであろう。つまり，品質管理を徹底すべき大製造業でも「流れ」・「回る」という規範によって生成され，維持されるノルムクラシーが，機能主義を「食いものにしていた」のではないだろうか。そして，検査に従事する人間達は，それを「オートメーション」と錯覚し，「効率的」であると勘違いしていたのであろう。理由は，彼らは規範的コントロールに支配された「組織人間」であるからだ[52]。さらに，経営のトップに真の「洞察力」が備わっているのであれば，「おかしい」と気づくはずだが，彼らは「数字」に表れる結果のみを重視し，「コストダウン」を伴う経営合理化に取り組んだと錯覚していたのであろう。

懲戒的パワー・規範化・均質化 —ゆがめられる組織社会化—

　それではなぜ，組織がノルムクラシーになってしまい，規範的コントロールが体質として定着するのであろうか。答えから言えば，規範化（normalisation）が組織社会化（organizational socialization）を食い物にするからである。規範化を説明する前に，組織社会化について要約する必要がある。組織社会化とは，新人が組織に就職し，「一人前」の人間になっていくプロセスを指

---

[50] 朝日新聞（2018年6月6日夕刊）を参照のこと。
[51] 朝日新聞（2018年6月22日朝刊）を参照のこと。40年以上も変わらなかったので，正確には，「組織風土」ではない。さらに，「役員・社員の意識」ではなく，「役員・社員の思考パターン」となる。この差は，第2章で詳述している。
[52] このような組織人間のことをWhyte（2002）はorganization manと呼んだ。

す。社会化の概念自体は，社会学・心理学・教育学等で，すでに提唱され，研究が進んでいた[53]。そして，その概念を組織行動論・組織コミュニケーション論へ応用し始めたのは，企業文化・組織文化研究の草分け的研究者たちである[54]。

組織社会化理論では，「一人前」の組織人になっていくプロセスを3段階に分けている[55]。まず，組織に就職する前からのプレ段階である。学校を卒業し，組織に就職する以前から，組織の社会化が始まると考えられるのが，プレ段階である。つまり，在学中・卒業後に，「職業人」になるという意識が芽生えるというわけである。これを，日本に当てはめると次にようになる。高卒の場合，公務員試験は別として，高校の就職指導課の教師が，就職先を確保する間，学生本人は，面接・作文の練習をするのである。そこで，真面目さや健康をアピールする材料を準備するようになる。さらに，工業・商業・農業高校，高専の場合，授業そのものがすでに「職業訓練」になっているため，就職先というより「職種」を意識することになる。大学生の場合，公務員試験，医師等の国家試験で合格することを目指す人間は別として，特に文系の場合，組織社会化のプレ段階は就職活動に明け暮れることを指す。また，アルバイト・インターンシップを通じ，「お金を稼ぐとはどういうものか」，「働くとはどういうものか」に対する意識が芽生えてくる。

次に，エントリーの段階になり，それまで学生としての身分で所属していた学校組織から，「働いて，給与をもらう」組織の一員となる。つまり，それまで同年齢の「仲間として付き合っていた」学校での人間関係から，組織の部署に配属され，上司・同僚で構成される「仕事での」人間関係に飛び込むようになる。さらに，配属が決まると，名刺を渡されて，「あなたは，この会社の人間としてふるまいなさい」と言われ，教育される。また，社外の人間，取引先，顧客等のステイクホルダーとは，個人ではなく，○○社の人間として接しなければならなくなる。そうした状況において，特に，4年制

---

[53] 例えば，集合近眼の概念形成で参考にしたBerger & Luckmann（1966）の社会的構築主義にも，社会化のプロセスが説明されている。
[54] 古くは，組織行動論ではVan Maanen（1975, 1977）ならびにSchein（1968），組織コミュニケーション論ではJablin（1982）にさかのぼることができる。
[55] Jablin（1982）を参照のこと。

第3章　集合近眼という組織の病理―Collective Myopia―

大卒の場合，ある程度，自由奔放に生きられた学生時代とは異なる制約・規則が多い「職場」という中で一日のうちの大半を過ごすことになる。この段階では，留学・赴任等でいきなり外国での生活をすることによって受けるカルチャー・ショックと似た適応障害である「役割ショック」をある程度経験することになる。カルチャー・ショックと同様視される理由は，多くの人は，この通過・移り変わりでの適応障害を，「驚き」と様々な面白くない経験をしながらも「こんなものか」と克服していくからである[56]。日本の場合，「新人」として扱われるため，初めから仕事ができなくともしかたがない，丁稚奉公，「石の上にも三年」という発想から，on-the-job-training（OJT）というものがある。さらに先輩等が仕事をしながら面倒を見てくれるというメンター制度が残っているところもある。

ところが，特に日本における4年制文系大卒の場合，自由と楽しい人間関係を謳歌できる文化から，旧日本軍の体質が残るような日本的組織の文化に遭遇した場合，「異文化適応」できない若者も少なからず存在するようになるのである。そうして『若者はなぜ3年で辞めるのか？』などという書籍がベストセラーになる[57]。ファー（pha 2012）氏が「会社」という異文化への不適応の体験を記述しているように，入社まもない時期にもかかわらず，転職を希望する若者が多いのも事実である。

最後が，「一人前」になるという段階である。この段階では，役割ショックを克服し，仕事のやり方がなんとなくわかってきて，組織人としての自覚が出てくる。この段階になると，OJTで教わる側から教える側になるのである。これが，学生のラフな格好から，肩が凝り，足が痛くなる格好に「慣れる」metamorphosis，文字通りの「変態」の段階である。これを日本では，組織の戦力になる段階ととらえる。

しかしながら，ここで誤解すべきでない重要な点がある。本来の組織社会化の到達点として考えられる一人前になるとは，組織に迎合する術を身につけることではない。自分自身を見失わず，組織の変容・変革に貢献できる人

---

[56] 英語ではrole shock（Minkler & Biller 1979）となる。カルチャー・ショック研究はOberg（1960）が草分けである。
[57] 城（2006）を参照のこと。

間になるという意味である。これは，組織のシステム論ならびに状況適応理論に即した考え方である。つまり，同じ組織内で人事異動を繰り返し何十年もいると，「井の中の蛙」になってしまうが，井の中の蛙には「見えない」新たな視点やアイディアを取り込むことにより，組織が「新陳代謝」できると考えるのである。さらに，イノベーション，技術・知識の進化のスピードが速い業界，例えばIT・AIでは，人材が若ければ若いほど，最先端なものを身につけている場合が多く，逆に，若い世代の価値観・文化に，企業側，特に，採用担当の方が，「合わせる」という「逆適応」が必要になってくる。『クリエイティブな社会階級』シリーズで世界的ベストセラーを生んだフロリダ（Florida 2002）によれば，彼がかつて勤務していたコンピューター・サイエンスの名門校であるカーネギー・メロン大学へ，企業の採用担当者がTシャツとジーンズでわざとやってきて，学生と「友人」のような接し方をし，「うちに来ないか」と勧誘する。面接を受ける学生側もTシャツとボロボロのジーンズを着て，ピアスをつけた普段着で面接し，自分のプロジェクト・「技」を見せつけるのである[58]。

　採用現場が売り手市場になった日本でも，特にITとAIに特化した分野では，アメリカの「テック・ブーム」から約20年遅れた2018年頃から，ようやく「逆適応」の動きが見られるようになった。例えば，AIや「テック系」の人間達を求める大手証券会社の幹部は苦笑いで，彼らを採用するには「金融業界に興味を持ってもらうのが第一歩で，私の場合はスーツを着ないことから始めている」とインタビューに答えている[59]。

　このように，組織社会化を論じる時，日本の現状にも当てはまるところがある。ところが，欧米，主に，英語圏ならびに東南アジアの新興国での組織社会化，さらに本来の組織社会化理論とは意味合いが違う部分も多いのである。欧米の学会ならびに主に東南アジアからの留学生を相手にする英語による授業で，日本における組織社会化，特に，プレ段階とエントリー段階の話をすると，「本当？日本には，機能主義からくる人的資源管理という概念が

58　OB, OGを大学に送り込んでくるリクルーター制度も含む日本における従来の一括新卒採用とは大違いである。
59　日本におけるIT・AI系の新卒採用の動きに関しては，SankeiBiz（2018）を参照のこと。

ないのか」,「日本人は，education（教育）と training（訓練）の差がわからないのか」,「なぜ，すでに大学教育を受けているのに，適性テストをまた受けさせるのか」,「なぜ，そんなに会社訪問・面接をしまくるのだ。就職活動ばかりして，大学で勉強しなくとも簡単に卒業できるのか」,「なぜ，同じ企業が何度も呼びつけるのか」等の「不思議な国，日本」的な質問を筆者は浴びるようになる。

　なぜ，このような反応をするかというと，まず，欧米・東南アジアの新興国での採用する側は，「わが社では，xという職種で，yの技能もしくは能力を持ち，z程度の水準で仕事ができる人材を求める」という機能主義に根差す求人を出す場合が多い。もちろん，専門学校・大学・大学院での専攻を指定してくる場合もある。さらに，状況適応理論に即し，現在，将来のトレンドを見据えた最新の技術・技能・能力・知識を持ち合わせている人間を争奪しようとする。当然，採用は「通年採用」であり，「新卒一括採用」という慣習もない。国によっても多少，差があるが，日本でいう，エントリー・シートや業者が行う就活フェアー・適性テスト等はいわんや，数ヶ月を要する就活などもない。また，説明会から始まって，同じ企業から何度も面接に呼ばれるということもない。逆に，採用側は何度も面接に呼ぶというコストの方が無駄であると判断する。

　ユーロ圏経済が出来上がる以前のヨーロッパではもちろんのこと，旧宗主国をヨーロッパに持つ東南アジアの国々では，大卒＝即英語「で」公式文書を読み書きができるマネジャーの職位から組織へのエントリーが始まるのが当たり前である。日本では，数年前に，楽天・ソフトバンク，さらに近年，資生堂（本社部門）等がようやく英語を社内公用語化したが，市場が自国以外にあるヨーロッパでは，3ヶ国語以上操る人間が文系サラリーマンになっているのが「普通」である。もちろん，英語力も最低条件である。例えば，筆者がヨーロッパで名門と言われる経営大学院の学会に参加した時のレセプションでの体験である。ある有名な企業グループがスポンサーになったこともあり，企業人も多数参加していた。英語，ドイツ語，フランス語の3ヶ国語以上を巧みに使い分ける参加者ばかりであった。フランスに本社がある有名バッグメーカーのマーケティング取締役のフランス人女性の名刺を見ると，

名前の前には Dr がついていた[60]。

　さらに，東南アジアの大卒は，欧米に本社を持つ外資系企業への就職が当たり前であり，組織社会化の理論に即した人的資源管理を行っている。例えば，数年前サンフランシスコ空港で出会った 20 代後半〜30 代半ばのマレーシア人男性である。アメリカ出張が終わってマレーシアに帰る途中らしい。その人はアメリカの大手航空会社の人的資源管理部門のマネジャー・クラスで，世界中からアメリカの都市に集められた社員達相手に行うダイバーシティ・異文化摩擦の解消法のトレーナーなのだそうだ。マレーシアと言えば，マレー系が多いが，多民族・多宗教国家であり，民族・文化摩擦を克服・乗り越えながら経済成長してきた国である。国際線の飛行機の中で，いざこざを起こさないためにはどうすればよいか，起きた場合どう対処すべきかをアメリカ人相手に教える役目なのである。宗教に関わる衝突が激化しているアメリカでは，「ソフト」なイスラム教国家であるマレーシアの若手の知恵を借り，人的資源管理に役立てるべきだと考えるのである。

　グーグル本社の採用も，大学・大学院教育の専門的習熟度が基準になっているようである。「フラット化する世界」で一世を風靡したアメリカ人ジャーナリストのトーマス・フリードマン（Friedman, T. 2014）がグーグルでの採用について現地取材している[61]。グーグルの核となるテクノロジーは IT であることは口を挟む用地がない。であるからこそ，採用にあたり，たとえどんな大学であろうとコンピューター・サイエンス科目で B の成績を修めた学生の方が，英語科目で A+ の成績の学生よりも，歓迎されるとグーグルの人事担当者が説明したという。つまり，より厳しく，チャレンジングな科目履修をやってきた証拠だという。

　実際，グーグル本社を取材した際の映像には，まだ，20 代と思われる眼鏡をかけた細身の白人男性が，「私はここの職場環境が好きです。自己表現ができる場所というか，とても居心地が良いです。自分のおもちゃも持ち込めるし，素晴らしい環境で，優秀な人たちと一緒に働けます。毎日楽しく出

60　このレセプションで交換した名刺を見ると，Dr のほかに von，de はおろか Graf が付く名前がほとんどであった。
61　ただし，2018 年 10 月末に世界に露見したように，グーグルでセクシャルハラスメントを隠蔽しようとした問題点があったことも事実である。この件に関しては，第 6 章 5 節で述べる。

第 3 章　集合近眼という組織の病理—Collective Myopia—

勤しています。それは僕にとってとても大切。卒業したら楽しい職場で働きたかったから」と言っている[62]。この人は，コンピューター・サイエンスの Ph.D.（博士号）保持者である。

さらに，グーグルアースの開発責任者は，30 代もしくは 40 代初頭のアジア系アメリカ人男性でこの人はデューク大学の生物・医学工学の Ph.D. を持っている。「コンピューターが好きな僕たちの，やりたい課題がここグーグルには沢山あります。自分の能力の限界まで挑戦して，実現したいのです」と述べている[63]。つまり，大学・大学院で修めた「各科目の成績」ならびに「学位」をその人の能力・技能を証明する「品質保証書」としてアメリカの知識・クリエイティブ産業では扱うのである。

インターンシップ経験等も重要な採用基準となる。究極の例になると，IT 業界はもちろん，ハッカー同士で技を競わせる Hackathon というイベントでの入賞者はもちろん目立つ参加者には，破格の条件でオファーがやってくるのである。つまり，「石の上にも 3 年」，丁稚奉公，新人だから初めから希望の仕事が担当できなくとも仕方がないという理屈で成り立つ日本的「人材育成」の考え方とは全く異なる考え方をするのである。学校を卒業した時点で，技能・能力を明確に示すものが備わっている人材を有効に活用しなければ損失になるという考え方である。これが「学歴」の本来あるべき姿と言える[64]。つまり，「給与はタスクの対価」という良い意味でのテイラー（Taylor 1911）の「科学的管理法」に基づく考え方なのである。さらに，日本の多くの大企業の人事部とは異なり，Hackathon のようなイベント会場に積極的に足を運び，「君，うちに来ないか」というヘッドハンティングも盛んである。

日本の大学を卒業した人間であっても，シリコンバレー系 IT 企業への就職・転職は十分可能なのである。例えば，ある国立の女子大学の同窓会通信

62　NHK スペシャル（2007 年 1 月 21 日）を参照のこと。
63　かつて「死の行進」，デスマーチが用語となっていた過労死寸前の日本の SE とは，まったく異なった労働環境である（朝日新聞 2013 年 2 月 1 日朝刊）。
64　日本の場合は，大学入試の偏差値，つまり，4 年生大学に入学するための暗記型試験の結果の順位を「学歴」と呼ぶ。そして，順位が高い大学の 4 年制大学卒を「高学歴」であると考える傾向にある。ところが，欧米，主に英語圏では，博士課程修了（博士号授与），修士課程修了者（修士号授与），4 年生大学卒業（学士号授与），テクニカルカレッジ（ポリテクニーク）卒業，中高校卒業という順位になる。ドイツ語圏・フランス語圏に本社がある有名会社では，Dr◯◯と名刺に印刷された人間だらけである。

を見ると，就職先にグーグル・日本マイクロソフト・ヤフー等の名前が連なる。学部・学科を問わず，入試で「数学」があり，理学部等でコンピューター・サイエンスを正規の「教育」として取り組んでいる日本では草分け的な存在の大学である。日本の一般的なイメージであれば「なぜ過労死寸前とされる SE に，わざわざ女性がなりたがるのか」と思う読者もいるかもしれない。ところが，前述のようにコンピューター・サイエンスで名門校を卒業すれば厚遇される人生があることを知っているアメリカでは，女子学生にも敬遠されない専攻なのである。ヤフーの元 CEO のマリッサ・アン・メイヤー氏がその一人である。また，女性によるスタート・アップの成功例も多い。

　こうなると，当然，大学院・大学でも，卒業生の「品質保証書」となる卒業証書・学位記に加え，「各科目の成績」の信憑性が問われるようになる。これに対し，日本の大学関係者，卒業生からは，「一科目 800 人，1000 人の授業で，どうすれば，各科目の成績を品質保証書にできるのか」という声が出るかもしれない[65]。それは可能である。

　同じ 800 人の授業をするマンモス大学であっても世界大学ランキングでも常にトップ 20 位内に位置し，ノーベル賞を多数輩出したカリフォルニア大学バークレー校を例にしてみよう。いわゆるマンモス州立大である。2018年，筆者はここを訪れる機会があり，経営学専攻の学生に尋ねたら，「授業のサイズは 500 人を超えることもあるが，いわゆるノーマルカーブ（正規分布）を使うため，A（日本でいう優）以上は，ほんの一握りで不合格者が続出する」のが普通らしい[66]。これが本当であれば，A を 4，B を 3，C を 2，D を 1 に換算し，その総和から平均値を算出する GPA を作成し，世界中から優秀な学生が集まってくるカリフォルニア大学バークレー校での GPA が 3 以上の卒業生に品質保証の文句をつけることはできないだろう[67]。実際，

---

[65] 大学の実情に関しては石渡（2007），石渡・山内（2012），三浦（2008）等を参照のこと。筆者は，優良日本企業による不祥事の背景を調査するにあたり，2002 年の時点で日本の大学における問題点を述べている（Chikudate, 2002b）。

[66] 筆者担当の科目で S（秀）もしくは A（優）の成績を修め，筆者の推薦状をもらった学生達が，世界大学ランキングで上位の大学院に合格した。筆者が 2018 年の時点で教鞭をとる広島大学からも London School of Economics の大学院合格者を輩出した。

[67] グーグルの前会長のエリック・シュミット氏は，この大学のコンピューター・サイエンスで Ph.D.（博士号）を持っている。

第3章　集合近眼という組織の病理―Collective Myopia―

成績が悪く，中退させられるか，レベルが低い大学へ転校させられる学生も少なくないのである[68]。卒業生の厳格な品質管理をしているが，カリフォルニア州内生に年間 $13,900（$1＝110 で，日本円にして約 153 万円），州外性には $40,644（$1＝110 で，日本円にして約 447 万円）の授業料を課しても優秀な学生が集まってくる。その結果，大学をサービス産業化することに躍起にならず，本来のリサーチ・ユニバーシティ（総合研究系大学）としてのミッションを果たすことができるのである。

　ところが日本，特に文系大卒の場合，これまで，このような本来あるべき組織社会化にはなっていない。理由は，normalisation（規範化），より正確に言えば従来の規範に沿うように人間を作るメカニズムが，教育・人材育成として日本の組織で定着しているからである。normalisation を「常態化」と訳す場合もあるが，筆者は，フーコー（Foucault 1975）[69] の理論を土台にして，議論する。フーコーによれば，人々は言語・教育により，深く認識せず自らを律し，コントロールされやすくなると言う。つまり，人材教育も含めた，教育・鍛錬と抑圧の差が「紙一重」であるところに，社会の問題があると考える。この教育・鍛錬こそが，見えにくいソフトなパワー，つまり，柔らかなコントロールのメカニズムであるからこそ，延々と続き，人々はそこから抜け出せなくなる。さらに，再生産も継続される[70]。

　このフーコー理論を日本で応用すると，次のような解釈が可能になる。中国の科挙のような暗記型の学力を基準にした大学入試の偏差値で候補者をまずふるいにかけ，大学での専門的「教育」で身に付けた「能力」・「技能」というものを無視し，「組織に入ってから，教えれば良い」と考える人間が大多数を占めるのが優良日本企業であるから規範化が徹底する[71]。この規範化は昔からあるが，IT・AI 技術が進むと，いわゆる「大学フィルター」とい

68　日本でも，国際性とリベラルアーツ・アンド・サイエンスの教育を徹底している東京郊外にある私立大学では，GPA がある一定基準を下回ると，事務局から退学を勧告される。この大学は，文部科学省から 2014 年度にスーパーグローバル大学創成支援（タイプ B）の認定を受ける前から，欧米の著名大学院への合格者を出している。
69　米語では normalization となる。
70　これをグローバル化に持ち込むため，様々な問題がおこる。第 6 章で述べる。
71　これは，薬理工系においても，言えることである。日本企業では理系分野の「修士」は採用されるが，「博士」は敬遠される。これは，欧米の R&D 系企業では行われない採用の慣習である。

う，会社説明会，エントリー・シート提出の段階で，大学入試の偏差値による「門前払い」が定着する。GPAもそのフィルターに加える場合もあるだろうが，特定科目の履修・成績等まで，精査することは少ない。さらに，特定科目のシラバスを読み込み，担当教員まで調べることはない。リクルーターによる，「〇〇先生」のゼミという学生の所属を問うのが精一杯であろう。

それでは，なぜ，組織社会化において，日本企業の多くが，大学・大学院での専門教育の熟達度を無視するのかと言えば，「能力」の基準が勤勉による「博識」であり，その博識ゲームの勝者が日本の優良企業・組織のトップに立っていることが多いからである[72]。その結果，科学技術立国である日本において，博識になるのが苦手な「薬理工系」は冷遇されがちになる。実際，このような日本的組織社会化であっても，「結果による組織への貢献」により取締役まで登りつめる人間もいるだろう。しかしながら，旧第一勧業銀行事件で当事者になった重役の証言のように，それと同じぐらい，「自己犠牲」・「汚れ仕事」・「世渡り」・「政治」・「閥」で，とにかく組織のピラミッドを駆け上がれば，組織人間としての成功者であると認識されるのかもしれない[73]。成功者自身は十分認識しているにしても，これを一度否定してしまうと自らの人生・アイデンティティ等の「寄って立つもの」が崩壊されてしまう。したがって，自己肯定・保身のため，自分と似た若い世代を再生産し，「コピー化」をやめようとしないのかもしれない。その結果，それが「成功する人生」の「公式」として定着する。さらに，それを子供の生き方にも「教育」することにより，次の世代も親のように「真似」しようと努力する。

---

[72] 博識は，漢字・儒教圏に共通する学力の基準である。実際，筆者はアメリカの大学院で漢字・儒教圏からの留学生と肩を並べて勉強した。彼らは，暗記型・答えが一つしかない試験には抜群の能力を発揮したが，答えがない，もしくは答えの「型」がないチャレンジに対しては日本企業からMBAプログラムに派遣された日本人と同様に苦手であった。この見解は，ヨーロッパで名門と言われる経営学大学院の教授達にも共通した見解であった。博識を基準にするのは大学入試以外に，司法試験，公務員試験等にも使われる。その反面，博識・暗記が苦手だが，「神業的な」推論・実験ができる理系タイプにより，日本の地方国立大学の卒業生からもノーベル科学賞を何人も受賞できるのである。言語を習得する上で，暗記をさほど必要としないローマン・アルファベット語・古代ギリシャ文明圏では学力の基準として博識を重視しない。論理性・批判的分析力・説明力・説得力がものを言う。さらに，研究の世界では，novelty（斬新さ）と creativity（創造力）がものを言う。つまり，漢字・儒教圏と欧米では学力基準が大きく異なる。これが，世界で通用する International Baccalaureate（通称 IB）という大学入学適性試験に，日本で名門進学校とされる多くの高校が太刀打ちできない理由だ。

[73] 読売新聞（1997年1月21日朝刊）を参照のこと。

そして，同じことを繰り返すというサイクルに嵌るのである。日本では，この繰り返すサイクルを「安定」と呼ぶのかもしれない。

　さらに，日本で本来の組織社会化が起こらない理由は，専門性を持たない人事部が一括採用を担当するためでもある[74]。そして，OJT・メンタリング・研修等の「トレーニング」を「教育」と勘違いしてしまうのである。大学の偏差値でエントリー・シートの時点でスクリーニングし，専門性を問わない適性試験を受けさせ，採用基準で，「コミュニケーション能力」[75]等の集団の中でチームプレイするのに「邪魔」にならない人間だけを採用しようとするようになるのである。ここで言う「邪魔にならない」とは既存の規範に迎合し，「期待されたように振る舞う」ことを意味する。この「邪魔にならない」という将来性を確保するため，自分と同じような家族背景・価値観・生き方・学歴・能力を持つ人間を採用し，昇進させようとする。この価値観・生き方・能力の「均質性」を確保するため「閥」の力学が，霞が関，財閥系企業，天下り先企業・団体でいまだに物を言うようになる。また，この規範を新人が学習することを「教育」であると考えるようになる。その結果，「習うより慣れろ」という不思議な言葉が多くの日本的組織ではまかり通るようになる。

　経団連が加盟企業の人事担当者に行った「2017年度　新卒採用に関するアンケート調査結果」がある[76]。選考にあたって特に重視した点（5つ選択）のランキングの1位は，「コミュニケーション能力」（82％）であり，「主体性」（60.7％），「チャレンジ精神」（51.7％），「協調性」（47％），「誠実さ」（44.2％）が続く。言い換えれば，「きちんと挨拶ができて，丁寧な言葉使いをして，嫌なことでも自主的に，なんでもグループでまじめに仕事をする」大卒が欲しいというわけである。つまり，規範に迎合しやすい人間が好まれ

74　戦後日本の大学に通った人間に，「大学で勉強しましたか」とたずねると，「真面目にした」と答えるのは，卒業時に「士」がつく国家資格試験に絶対に合格しなければならない医歯薬の卒業生，理工系の卒業生，加えて司法試験・公務員試験・教員試験に合格した学生等である。大学で勉強しなくとも卒業できるという現象の説明には諸説あるが，その副作用が出ている。IT・AI業界では，日本の文系大卒を有能な人材に育てるのは至難の業であり，慢性的な人手不足である。さらに，この副作用は，職場自体がグローバル化し，世界大学ランキングで上位の大学・大学院を卒業した外国人の上司・部下・同僚と一緒に仕事をする際に顕著になる。
75　経団連（2017）を参照のこと。
76　経団連（2017）を参照のこと。

るということになる。さらに,「専門性」(13.6%),「創造性」(12.1%),「語学力」(6.6%),「履修履歴・学業成績」(4.2%)はランキングの下位にあるため,能力・技能は求められないのである。この順位は,例年さほど変わらない。これでは,大学入試終了後,大学で真剣に勉強に取り組まなくとも,日本の一流企業に正社員で採用されてしまえば,将来食うに困らないという状態になる。「これが,日本企業だ」と一蹴することもできるが,機能主義をベースにしたシリコンバレー系企業,ヨーロッパのR&D型企業とは随分異なった採用が行われてきたことが歴然なのである。

それでは日本の組織において「習うより慣れろ」の何に慣れるのかというと,職場での「回る」・「流れ」を生み出すことに慣れるのである。この「回る」・「流れ」を作りだすべく,根回し・「ほうれんそう」という「群れる」仕事のやり方に埋没する。それができるようになると「あいつに仕事を任せられるようになる」と管理職は錯覚するようになる。さらに,職務が替わる人事異動を繰り返すため,特定の技能が向上していくことは少ない。人事異動を繰り返すことのメリットもある程度あるが,逆に,同じような能力しか備わらない組織人間のコピーだけが量産化されるようになる。この同じような能力が備わる人間を作りつづける装置をフーコーは,「均質化」と呼んだ[77]。

さらに,「均質化」が進むと,同じような思考態度[78]・価値観を持つ人間だけが集まるようになる。さらに,その均質化された思考態度・価値観から,行動様式・言説も相似するようになり,規範化が強化されていくというサイクルに入る。規範化が強化されると,期待された通りの行動をとらないことに我慢ができなくなる。なぜ,我慢ができないかと言えば,「回る」・「流れ」が乱されるからである。この「回る」・「流れ」というのは各行為の連動のもたらす現象であり,オートメーションに過ぎないのであるが,日本人の場合,それを「和」と勘違いするのである。日本人は,いつしか「和」が日本文化における究極の価値観であると為政者によって洗脳されている[79]。したがっ

---

[77] 原語では, homogénéisation (Foucault, 1975) である。
[78] 英語では mindset。
[79] この洗脳には当然,限界がある。歴史上,近代化などの時代の変革期には,世の中の矛盾に我慢できなくなった人々が蜂起し,「革命」をもたらすことで,日本をリセットし未来を築いてきた。

て，期待通りの行動・言説をしない人に対し，「なぜこの人は和を乱すのだろう」という単純な疑問を持つよりも「和を乱すことはけしからん」と判断してしまうのである[80]。これを「協調性」と呼ぶのであろう。さらに，この「けしからん」と発想する人間を「陳腐な考え方をする人」と呼ぶ[81]。さらに，この判断がエスカレートすると，「和を乱すあいつに制裁を加えるべきだ」と日本人は考えてしまう。実際，人事異動等でなんらかの制裁を科す場合もある。これが，日本的集合主義によるソフトな「暴力」であり，迎合主義の人間しか存在しなくなる仕組みである。フーコーは，この規範に迎合させるソフトな暴力を「懲戒的パワー」と呼んだ[82]。

　この懲戒的パワーの存在は，「潜在化」し認識されにくい。理由は，規範に迎合しない人間への嫌がらせというより，「教育」であると理解されるからである。筆者は，disciplineを「懲戒」と訳しているが，実は，フランス語でも英語でも「訓練」・「鍛錬」等の意味がある。つまり，このパワーを行使している人間は，「訓練」・「鍛錬」という名のもと，正しいことをやっていると認識しているのである。ところが，懲戒的パワーの餌食になる人間は，暴力・ハラスメントを受けているととらえるのである。したがって，懲戒的パワーの餌食にならないように，行動に対する集合的期待として規範を必死に「学習」するのである。この学習プロセスでどこに注目するかというと，鍛錬という名の制裁を他人が受けている場面である。この学習するプロセスを「空気を読む」と呼ぶ。さらに，お互いが規範から逸脱しないように監視・見張りのセンサーが飛び交っている状態を職場の「空気」と呼ぶ。

　この相互監視・見張りセンサーが飛び交っている状態で，「今日，私の仕事が終わりましたので，もう帰ります」と言えるだろうか。「自分が苦労しているのだから，他人も苦労しなければならない」という「苦労・苦難分かち合い論」である。こうなると，みんなで仕事をしているのだから「あいつ

80　経団連（2017）にあったように，回答した47％の企業が「協調性」を新卒者の採用基準として重視している。
81　原語では mundane reasoner（Pollner 1987）と呼ぶ。
82　原語では，pouvoir disciplinaire（Foucault 1975），英訳では disciplinary power（Foucault, 1977）となる。筆者は Chikudate（2002a）において，不祥事を起こした日本の金融機関で，このソフトな懲戒的パワーが「不正」を長年，「見て見ぬふり」をする体質として定着させたことを論文化している。

だけは楽している」と思われないために，苦労しているという「態度」を示し続けることになる。「掟破り」への制裁からの自己防衛の理屈である。この「掟破り」への制裁が組織の「常識」として定着した場合，「みんなで疲弊」し，「うつなのは他の人も同じだ。働きながら治すしかない」という「過労死」予備軍のエンドレスな増幅につながる[83]。実際，経団連が行った新卒採用に関するアンケート調査[84]で，回答した34.5％の企業が「ストレス耐性」（上位6番目）を選考にあたり特に重視したとあった。

　いずれにせよ，日本人の集合体には「行動に対する集合的な期待」という規範を作り出すメカニズムがあり，日本人はそれを自分のものとして「内面化」させてしまい，自ら自分の行動に規制をかけ，コントロールしてしまうのである。ファー（pha 2012）氏は，この日本的職場の「呪縛ゲーム」から降りている。大学を卒業した後就職した会社で，「まあ頑張って我慢して仕事をするのが必要なときもあるし，そういうのが好きな人が自らそうするのはいいけど，人に強制させるものじゃない。本来一部の人間だけがやっていればいい『努力教』を，向いていない人間にまで強いようとするのが日本の悪いところだと思う」。ここでいう「努力教」というのが，懲戒と訓練・鍛錬の境界があいまいになる懲戒的パワーの神髄である。

　均質化にはメリットがあると反論する読者もいるだろう。組織のトップが業績不振（官庁の場合は，不祥事）等で失脚したとしても能力の均質化により，次のトップになるスペア・「予備軍」がいくつも若い世代から作られるという「再生成」の理屈である。特に，霞が関の官僚組織を頂点に，公務員組織に定着した人間の理屈である。また，旧財閥系の組織にも浸透している。確かに，法体系・規則を上手く「すり抜ける」行政文書を作成する達人になれる[85]。さらに，組織の「政治」と「力学」を知り尽くし，部署を束ねる，

83　朝日新聞（2013年2月1日朝刊）を参照のこと。
84　経団連（2017）を参照のこと。
85　実際，2018年に発覚した文部科学省科学技術・学術政策局長による東京医科大学からの受託収賄事件でも，文部科学省の「私立大学研究ブランディング事業」で，選定されるための申請書類の作文を指南していた。朝日新聞（2018年7月7日朝刊）を参照のこと。さらに，この事件で逮捕されたコンサルタントの暗躍が白日の下に晒され，事務次官を含む4人の文部科学省幹部が懲戒処分された。第1章2節の「忖度，文書書換え，財務省（旧大蔵省）の再登場，文部科学省トップの真実2017–2018年」でも述べている。

上層部からの命令・連絡を部署に伝える，部下の勤務態度を監視・監督するという「管理職」にもなれる。そのため，管理・行政というものを「経験的に」年月をかけて身につけていき，それに尽力するのが「吏道」であり，日本の優良企業の名刺を持っているのだから，どこが悪いという意見もあるだろう。

　しかし，この均質化は，大きな歪み，ひいては，失敗の連鎖を引き起こす。例えば，2011年の東日本大震災時の経済産業省の原子力部門のトップは，原子力の専門的「教育」を受けていない日本の4年生大学法学部卒であった。つまり，適格な能力が備わっていない人間が日本の原子力行政のトップに立っていたという風にも受け止めることができる。さらに，技術的専門「教育」がされていない日本の文系大卒が東京電力の社長・会長になれていたことも「不思議な国・日本」なのである。民間企業である東京電力の「利潤」を追求するのが上手いと考えられるのが経済学部卒であるが，2011年3月11日から14日の福島第一原子力発電所事故までの「陣頭指揮」・「危機管理能力」を見ると，彼らに合格点を与えることができるであろうか。さらに，彼らは，第二次世界大戦時の旧日本軍兵士の特徴と酷似している。それは，「予想していなかったことに直面するとパニックに陥る，戦闘のあいだ常に決然としているわけではない，多くは射撃が下手である，時に自分で物を考えず『自分で』となると何も考えられなくなる」[86]というものである。

　実際，筆者が，福島第一原子力発電所事故に関する国際シンポジウムに集まった欧米の原子力科学者達に日本的人事慣行による均質化の話をしたところ，絶句された。日本の大組織ではこれまでeducationとtrainingの差がわからないまま，組織社会化を行い，人的資源管理を行った歪みが露呈したと理解したからである。つまり，規範迎合が主な目的になる「規範化」が官庁も含む日本の大組織における人事の「型」として定着しており，その型のおかげで，「適材適所」とは程遠い人事レースが当時の経済産業省・東京電力にあり，大地震，津波という「想定外」の出来事が引き金を引いたとは言え，福島第一原子力発電所事故の温床になったという解釈が可能になるのである。

---

[86] 一ノ瀬（2014 p.33）はIntelligent Bulletinという第二次世界大戦中の日本軍に関する米軍の報告書を分析している。

第4章

集合近眼による悪影響

　第3章においては，集合近眼という組織の病理のメカニズムについて述べた。本章においては，まず，日本の企業における不祥事の温床となる集合近眼により，どのように「秩序」が生成され，浸透していくかについて述べる。これにより，不祥事の当事者となる人間は，思考を停止し，精神論，もしくは，その生き方に疑問を持たなくなる。その結果が，後を絶たない過労死問題であり，不祥事である。

　さらに，この「生き方に疑問を持たない」という姿勢は，民間企業のみならず，東京・地方を問わない官公庁においても，浸透し，行政組織での不祥事はもとより，過労死者，自殺者も出すという事態になる。秩序を生成し，固守することによる弊害こそが，集合近眼による影響である。加えて，この集合近眼が不祥事を起こした後に，危機に発展する現象を解説する。

 ## 秩序による思考停止，「根性論」，そして過労死，最後に大惨事

　経営組織論・戦略論・デザイン論を勉強した読者であれば，人間の集合体としての組織は「トール」・「フラット」と縦軸で表現されることは既知の事実であろう。組織の縦軸とは，どれだけ，指揮命令系統・役職が階層化され

ているかを示すものである。役職の階層化が多いほど「トール」となり，少ないほど「フラット」になる。さらに，組織デザインは，監督者一人に対する，監督される側の人数の多さによっても，操作できる。つまり，chain of command もしくは，span of control のサイズである。第3章6節でも述べた相互監視・制裁のメカニズムは，「フラット」な組織でも当然起きやすい。さらに，フラットな組織での相互監視・制裁のメカニズムは「ソフト」であり言語化しにくい。これに対し，典型的なトールで階層化がある組織は，指揮命令系統が徹底した軍隊・公務員系の「官僚組織」であり，規範の逸脱への制裁は強烈であり，顕在化する。この規範の逸脱への制裁が，明文化され，規則として定められた場合，それが，「聖域」となる場合がある。聖域となってしまうと，理不尽だと思っていても，当事者たちは，変更しようとしなくなる。そして，その理不尽さが組織の構成員をお互いに追い詰めるというのが集合近眼の末期症状の一つでもある。

　集合近眼という体質の病理に冒されてしまった日本的組織によく見られる症状は，第二次世界大戦末期の「旧日本軍」との酷似である。このタイプの組織では「秩序」が維持・生成される「指令・統制力」は強烈である[1]。

　誤解されたくないのは，筆者は，「軍隊組織」をすべて否定するつもりがないことである。特に，東日本大震災時，情報が錯綜し，数々の「奇行」により，東京電力ならびに福島第一原発での作業を混乱させた総理大臣等の日本政府・霞が関にとって代わり，「現場」に即座に駆け付け，献身的に救助・救援に尽力した自衛隊は，組織論的にみても満点以上の理想的な姿である。過酷な環境の中，任務遂行のため，飲まず食わず寝ずに身を粉にして活動にあたった自衛隊員は，被災地の人たちから感謝と労いの言葉をかけられ，どれほど，彼らの自衛隊員としてのアイデンティティが誇らしかったことか。さらに，在日アメリカ軍による「Tomodachi」作戦により，どれだけの孤立した地区・集落に救援物資が届けられたか。この献身的な活躍の映像を見て，「なんて，秩序だって，機能的に動けるのだろう」と感嘆したのは筆者だけ

1　日本語でいう上意下達，カタカナ英語の「トップダウン」（正確には command and control）による指揮命令系統がこれに当たる。経営組織論の歴史的な発展として，この型からの脱却が研究されている。これは，特に研究系，芸術系，IT系という「創造性」を発揮すべき組織のデザインで強調されている。

であろうか。

　ところが，第二次世界大戦，特に，敗戦が濃厚になっていた末期での日本軍はどうであろうか。筆者自身は，戦後の東京オリンピックの一年後の生まれであり，第二次世界大戦時の旧日本軍の「職場」で働いた経験はない。

　しかし，山口県の周南市内を通る国道2号線沿いを車で運転していると，想像しただけで身の毛がよだつ道路標識が出てくる。「周南市回天記念館」である。回天とは，第二次世界大戦時に，大日本帝国海軍によって製造された「人間魚雷」である。つまり，「アメリカ海軍の軍艦を沈めるために，回天に乗れ」と言われた若者は，全員「あなたは，死になさい」と命令されているのである。戦闘機の神風特攻隊も同じである。自分の身近な家族を直接守るため自己犠牲になるのではなく，抽象的な「御国」のためという大義名分の下，上官の命令により「死ぬまで働かされる」のである。さらにその上官は，日本の敗戦が色濃くなっている時期にさえ，命令する。常軌を逸し，正気の沙汰ではない。しかし，戦争で負け，戦犯にならない限り，その上官自身は死ぬことはないという狡さがある。戦争末期には，「学徒出陣」の名のもと，年端もいかない学生たちが，戦争に駆り出され，命を落とした。しかしながら，どの大学でどのような基準で学生が学徒出陣に選抜されたかは，明確にされていない。各大学が隠しておきたい「不名誉」な歴史であるからだ。このように，日本人の命の尊厳という概念が旧日本軍の「組織の常識」にあったとは言えない。

　筆者は，日本人が生来持つ「勤勉さ」という特長が，第二次世界大戦後の日本の経済復興の原動力になったという説を否定するつもりはない。しかしながら，同時に第二次世界大戦の軍事教練を受けた復員兵・日本に残りながらも軍隊式の教育を受けた人々が，集団化したことによる影響をやはり否定できない。第二次世界大戦中に，日本軍の特徴を分析したアメリカ軍のレポート[2]によれば，日本軍は「軍紀」，「士気の改善」，「軍の改革」，「戦闘力の改善」，「天皇のための死」，「兄弟のごときチームワーク」を個人・集団・多様な部隊に対し強調し，それに背けば上官による酷い体罰があったという。

2　一ノ瀬（2014）が分析している。

確かに日本は敗戦したが,「ため」を「御国」・「天皇陛下」から「企業」・「役所」という「公」にすり替え,旧日本軍での「人的資源管理」とメンタリティは温存されているのではないだろうか。このメンタリティでは,軍服・国民服を脱ぎ,つなぎ・背広に着替えたとは言え,「公」のためを主張すれば,不正に手を染めることや部下の犠牲も当たり前であり,決して,自分は責められることはないという正当性が維持される。「鬼畜米英」というスローガンで敵を倒すという「目的」を,「売上を上げる」・「新しい国作り」という目標に頭を切り替え,必死に働くことで,自己のアイデンティティを保とうとしたからである。さらに,この「公」という存在が,チームや部署という具体的な集合体に変換されてしまうところが,集合近眼が抽象的ではなく,具体的な圧力になる所以である[3]。

　戦時中の旧日本軍の組織と現在の日本の組織での経営管理はそれほど変わっていない。さすがに,現代の日本で,回天や特攻隊の上官のように「御国のために,死にに行け」と明言・命令する上司はいないだろう。だが,「会社」・「省庁」・「役所」のための「自己犠牲」を美徳とする価値観が残っている。その結果,「過労」で「死ぬまで」働かせる日本企業,上司の尻ぬぐいをするための「自殺」が官庁で後を絶たないのではなかろうか。つまり,価値観とは恐ろしいもので,機械部品の歯車が完全に「摩耗」するまで働かせることに何の罪の意識ももたない人間が集う組織になるのである。このような組織には,「教育」・「自己啓発」という名のもと,「追いつめる」ことを善しと考える上司・重役がいる。なぜかと言えば,自分たちも若い時,そうされてきたからだ。これが,自分がかつて,規範の逸脱により懲戒的パワーを受ける「対象」であったのが,自分が懲戒的パワーを与える役割になるという,行動に対する集合的期待としての「規範」が再生成される理由である。さらに,懲罰が人権侵害になるまで行う日本企業さえもあった。JR西日本である。2005年のJR西日本の福知山線脱線事故の背景には,運転士を追い詰める「日勤教育」という懲罰的研修・再教育が行われていた。実際,事故以前に,過労で自殺した社員の遺族から訴訟を起こされていたが,経営陣は

3　これをBarnardが唱えたgoal congruence「目標の一致」と混同する傾向もある。

日勤教育を改めることをしなかった[4]。

さらに，旧日本軍の「人材育成法」を企業研修に導入している企業もある[5]。この研修では「自分で考えるな。判断するな！」と自己否定されることで，集団・グループの目的をなんとしても達成するという「旧日本軍的集団主義」を叩き込まれる。さらに，旧日本軍のように教官（上官）の命令にすぐ従わなければ体罰をふるわれる。訓練に参加させられ，24 km の山道を 5 時間歩かされ，身体に障害が残った中途採用者が訴訟を起している。しかしながら，日本中の経営者から支持され，これまで何万人も教育した実績があると，このような研修の主催者が語っている。

日本の基準で「高学歴」とよばれ，キャリアに邁進した女性を，自殺するまで追いつめたという電通，過労死させた NHK 等もグローバルなメディアで取り上げられている[6]。当然，過労死は性別を問わない問題でもあり，パワー・ハラスメントの問題でもある。しかし，「日本では，規範化・均質化で構成させる集合近眼がついにジェンダーを超え，浸食していたのではないだろうか」という疑問を突きつけられる。より具体的には，「自己犠牲」・「集団の規律死守」のメンタリティを女性も身に付けていくのである。さらに，懲戒的パワーという「懲戒」と「鍛錬」との差が明確でない力により，このメンタリティを学習し，自ら律していく場合がある。つまり，これらの企業では，男女雇用機会均等法により，たとえ女性であろうとも，企業戦士として「死ぬ気で」働くのが当然という「常識」が形成されていたのではないだろうか。

第二次世界大戦は，日本の敗戦により確かに終結した。しかし，旧日本軍の「人的資源管理」・「経営管理」は，2020 年を目前にした今日でも，日本の組織には「地下鉱脈」のように存在している。つまり，旧日本軍で「組織人間とはどういうものか」を叩きこまれ，それが戦後の経済復興につながる人材になったという「神話」を正統化した副産物が集合近眼なのである。パウエルとディマッジョ（Powell & DiMaggio 1991）等の新制度論では，これ

---

[4] Chikudate（2009）を参照のこと。
[5] 朝日新聞（2018 年 5 月 8 日朝刊）を参照のこと。
[6] Time（2017）で，過労死した NHK の女性リポーターの写真入りで記事を掲載されているほど，海外でも「不思議な国，日本」として報道されている。

を legitimization と言い，さらに「常識」のレベルでプログラミング化された神話を institutional myths と呼ぶ。これが，世間では，「成功体験の記憶」と受けとめられ，この神話を崩すことに躊躇する人間が多いため，その神話が維持される。

ブラック化，軽犯罪者続出，無責任体制の行政組織

　「公務員」志望を口にする大学生は多い[7]。実際，センター入試という答えが一つしかない問題を解くための「暗記型勉強法」に慣れ親しんだ国立大学の学生，特に法学部生が，国家・地方を問わず，中国の「科挙」のような公務員試験に合格する可能性は低くない。公務員は「親方日の丸」という幻想を捨てきれないのだ。ところが，今日の日本的組織における体質による問題は，民間企業のみならず，行政・非営利組織にまで及んでいる。地域性，首長の性格・やり方にもよるが，行政・非営利組織もブラック化している。実際，筆者にも相談が増えている。

　首都圏で勤務する公務員の場合，長い通勤時間が労働時間に加わるため，ブラック化になる可能性があるというのは直感的に納得できるだろう。しかし，なぜ，地方でもそうなのかという疑問を持つことだろう。その背景には，まず，民間企業経営手法を見本にしたニュー・パブリック・マネジメント（NPM）の名の下，コスト意識を「人件費」に導入したことである。例えば，従来は，5人で構成されていた部署での仕事量を3，4人で処理しなければならなくなったのである。しかしながら，決裁・会議・書類作成のプロセスは，従来と同じであり，少人数で同じ量の事務処理をやらされる。つまり，決裁・会議・書類作成のプロセスを省力化・効率化せず，本人たちは，「流れ」・「回る」をやりつづけなければならない。さらに，この少人数となった職場には，年をとり，職位が上がってもプロにはなれない人間が次々に送り込まれてくる。公務員試験に合格しても専門性が向上しない事務職員たちが

7　2018年時点で筆者が所属している国立大学法人広島大学でも同様である。

新しい部署に送りこまれ，新しい職務を任されるという人事異動を繰り返す副作用が出るのである。人事異動してきた本人たちは，「しばらく何をやって良いのかよくわからない」というのが本音であろう。この人たちはいつも，質問・問い合わせをしてくるため，その部署に慣れた事務職員にとっては自分のすべき業務が中断されてしまう。さらに，新しい職務を「人なみ」にこなせるようになる頃には，また別の部署に異動させられる。つまり，テイラーがいう賃金は「できたこと」への対価であるという視点から見ると，年功序列による賃金体系と組織の生産性・効率性・有効性は，正の相関関係にはならないのである[8]。機能にマニュアル・職務規定はあり，データベース化されている場合もあるが，過去の事例，決定事項，当事者を探すような作業になると，途方もなく時間がかかるようになる。PDF化されデータベースに蓄積されていても，そのテキストを検索語で的確かつ一瞬に探せるまでの精度に仕上がっていないからである。

さらに，国際交流もしくは市民が外国人となると，大多数の職員には頭痛が倍増する。従来の公務員試験では，採用・昇進試験で外国語能力が重視されず，さらに外国人とのコミュニケーションに慣れていないからである。特に，窓口対応は，冷や汗ものだ。漢字仮名交じりの行政用語を駆使して説明しようものなら，外国人はパニックになり，「切れる」。それを「まあまあ」と日本人相手のようになだめようと思っても，外国人が話す日本語がわかりにくい，「だれか，代わってくれ」を繰り返すことになる。つまり，異文化コミュニケーション論で言うところの，「不安を解消するための不確実性の削減」という定説にそぐわない対応を続けている[9]。

webを通じ，英語で問い合わせがあったものなら，返信するのに四苦八苦せざるをえない。何とか，バイリンガルな嘱託職員を置く余裕がある自治体であれば別である。しかしながら，送られてきたメールを日本語に翻訳し，それに対する漢字仮名交じり語の行政用語で返信文をまず作り，それをさら

---

[8] Taylor (1911) を参照のこと。人事異動のメリットももちろんある。前任者の着服・業者との癒着，部署での裏金作り等の不正が発覚されやすい。さらに，部署内での人間関係が険悪になった場合，与えられた職務自体が過酷か，それに満足度が得られない場合，同じ組織内で「転職」ができるというメリットもある。

[9] Gudykunst (2004) を参照のこと。

に英語に翻訳し，送り返そうものなら，また頭痛となる。返信文の英語が論理・英語修辞法に則っていないため，送り付けられた相手から，「何を言っているのか分からない」という問い合わせが再度くる[10]。

次に，地域性にもよるが，窓口に権利意識を振りかざし怒鳴り込んでくる住民が後を絶たない職場では，企業の「お客様対応」のような，「謝罪」が常に求められる。「住民・市民へのサービス」という言葉が首長・議員選挙で踊るため，住民・市民たちは，役所の窓口を，コンビニもしくはファミレス・外食産業のようなサービス業であるかの如く錯覚するのである。働いている公務員本人としては，「自分のミスではないのに。なぜいつも攻撃され，謝罪しなければならないのか。学生時代に遊ばず公務員試験の勉強をして公務員になったはずなのに」と自分の自己有効性のみならず，尊厳まで傷つけられ，「心が折れる」のである。そして，「自分が悪い」・「自分はできない」という自己暗示から鬱のサイクルに入っていく。また，鬱で休職する職員が増えると，さらに，少人数化となり，元気な職員への仕事量が増え，「過労貯金」が増えてくる。

鬱のサイクルに入らない公務員でも，ストレスは増すばかりであり，その発散のため，深酒をしてしまう。ところが，朝になり，酔いが完全に冷めたであろうと，車で出勤すると警察の検問が待っている。そして，基準のアルコール量を超えたと判断され，「〇〇市の職員が早朝の路上で，飲酒運転で逮捕されました」というニュースになる。不祥事の発覚後に，首長・総務部長等が，議会からの追及後，「綱紀粛正」を唱えることもある。しかしながら，効果なく再発する[11]。つまり，同じ行政組織で不祥事が繰り返される場合，それは，すでに集合近眼という組織の「体質」が間接的に誘発していると考えるべきなのである。さらに，集合近眼に陥った規範主義的行政組織の体質を改善しないまま，NPMという機能主義を薬として無理やり注射した症状であると理解すべきである。

10　TPP 11 が発効された時点で，英語による異文化ビジネス・コミュニケーションの技能を身に着けた職員が各部署に配属されていなければ，おそらく，この頭痛の種は大きくなるばかりであろう。そうでなければ，事務系公務員の採用試験，昇任試験に外国語，特に英語の能力で，「書く」・「話す」を測定できるものを導入することである。
11　第5章3節において，綱紀粛正が功を奏しない理由を説明する。

官僚・公務員の作文術

　公務員・官僚の作文術もノルムクラシーを維持，助長する要因である。筆者が現役の公務員学生が書く論文を指導した経験から述べる。この点に関しては，森友問題で 2018 年に発覚した財務省による文書書き換え問題以前に，2015 年に出版された筆者の英語版で言及している[12]。特に法学部を卒業した事務系公務員の作文の癖である。彼らは，すべてを長文でつなぎ，「なる」というあたかもすべての事象が自然に起こったかのごとく「受動的」に書くのである。実際には，「いつ」，「どこで」，「だれが」という意思決定に関わった「行為者」が存在するはずなのに，わざと因果関係ならびに当事者を明確にしないように書いているとしか思えないのである。この作文術の逆が英語であり，特に，米語では，文学以外，この「行為者」と因果関係を明確に書き，話すことが「学を修めた」という証明なのである[13]。

　筆者が「なぜ，そのような科学にならない日本語ばかり書くのか」と尋ねると，良くて「大学で卒論を指導されませんでした」と返答がくる[14]。しかし，「責任の所在がわからないようにできるだけ曖昧に書けと上司から指導されました」と返答する公務員もいた。そこに，政治家への忖度が介入してくるのである。彼らの意向を通すべく，本来の決裁・意思決定のプロセスではない「裏」のプロセスを作り，責任の所在が明確にならないよう事務・作文作業をせざるを得ないというストレスが発生する。その結果，国会で野党から追及されると，良くて黒マジックで塗り隠された「のり弁」が出てくるか，「そのようなものは記録として残っておりません」という官僚答弁を繰り返す以外，術がない。

　実際，財務省が決裁文書の書き換えをしていたことが明らかになった。2018 年 3 月 7 日，それを指示された近畿財務局の 50 代の男性職員が「書き換えをさせられた」という内容のメモを残し自殺している[15]。「責任の所在

---

[12] Chikudate（2015）を参照のこと。
[13] 「学術的背景・系譜」の 4.3. からを参照のこと。
[14] 実際，公務員試験・司法試験を目指す学生が多い日本の法学部では卒業論文を卒業要件にしない大学も多い。

が明確にならないよう事務・作文作業をする」が規範化していた日本的官僚組織の「流れ」による業務遂行の実態が明確になった事件でもある。

　本来，専門性と「文書化」による合理性を追求するのがヴェーバーの唱える官僚組織である。さらに，合理性を求めることが近代化でもあった。もちろん，ヴェーバー型の官僚組織には弱点・欠点も多々ある。しかしながら，ヴェーバー型から，あまりにもかけ離れた姿になったのが，今日の日本の行政・官僚組織なのであろう[16]。そこにおいては，集合近眼の特徴である「流れ」・「回る」を重視するあまり，それが，長年蓄積されてきた「仕事のやり方」になっている。つまり，本来のビュロクラシー（官僚組織）ではない，ノルムクラシーという規範化によって成り立つシステムが日本的官僚組織に根付いたのではないだろうか。

　さらに，技術系職員は別として，民間企業のコスト意識・住民による権利の主張・政治家の利権が介入し，中国から伝来した「忖度」ならびに儒教・漢字圏の「文化・言語」による「科学として検証できない」作文術による「文治主義」が掛け算として合わさるのである。そこに，許認可する官僚のさじ加減が加わり，交付金がおりる。官僚は本来「善良」であることが必要条件なのであるが，それは，あくまで前提でしかない。結果として，ごく一部だろうが，権力・地位を悪用し，「私利私欲」に走る官僚が再生産される。

　このような行政・官僚組織の「体質」は永遠に通用するのであろうか。2016年の東京都庁による築地市場の豊洲移転問題でも，失敗，不祥事を起こせば，退職後もメディアから追いかけられ，非難され，処罰されるという時代になった[17]。メディアや百条委員会から追及を受ける旧東京都庁の幹部の多くは，必死に受験勉強をし，大学入学後も遊ばず，公務員試験勉強に四年間を捧げ，東京都庁に就職した。入庁後も，着実に等級をあげ，退職時には，大企業で言えば取締役級になった。ところが，知事が小池百合子氏に替わったとたん，旧態依然の「都庁体質」の「パンドラの箱」が開けられ，

15　森友問題での犠牲者である。日本経済新聞社（2018年3月16日朝刊）を参照のこと。
16　例えば，Weber（1956）を参照のこと。
17　豊洲市場移転問題と呼ばれる。当初，市場を築地から豊洲へ移転しようと東京都が計画していた。しかし，2016年に小池百合子氏が知事となることにより，東京都が豊洲市場の主な建物下に土壌汚染対策を適切に施さなかったことが判明し，東京都職員18人が処分された。例えば，朝日新聞（2016年11月26日朝刊）を参照のこと。

「あなたは，現役時代，まともに仕事をしていたのですか」と執拗な攻撃を受ける姿を全国に晒され，正式に処罰され，「罪人」になった。さらに，2017年，森友・加計問題が浮上してくると，かつては官僚のトップであった財務省の事務次官，局長クラスが，国会・委員会に招致され，厳しく追及される。さらに，財務省事務次官による部外者へのセクシャルハラスメント問題も浮上した。良くて，自ら辞任するか，もしくは更迭される。1997-1998年の日本金融システム崩壊時の旧大蔵省を見ているようである[18]。

単なる不祥事から危機へ―「人格化する企業」―

　誤解すべきでないのは，組織・企業による体質による不祥事がすぐ危機に陥るわけではないことである。危機というのは，企業の場合，生存に直接影響することを意味する。生存に影響するとは，「株価」が急落する，「売上が落ちる」等の経済的な理由によるところが多い。なぜかと言えば，不祥事の質・程度・影響力にもよるが，「大きすぎる」場合には，倒産することは稀である。理由は，その国の経済，具体的には税収・雇用，に対し大きすぎる影響を及ぼす場合は，「手心」を加えられてしまうからである。

　ところが，不祥事を起こした企業は，なんらかの社会的制裁を受ける対象となりやすい。なぜ社会的制裁を受ける対象となりやすいかというと，「市民社会」という概念の発達ならびに良くも悪くもサイバー・デモクラシーがパブリック（市民）に「力」を与えたからである。より具体的に言えば，かつては，大手メディアによる「上から報道」・「官製報道」という一方的なコミュニケーションが世論を形成しがちであったものが，市民社会にいる「一般の消費者」が物を申すことができるようになった。したがって，企業が不祥事を起こしながらも，不誠実な対応をメディアの前でしようものなら，「あの重役は，まったく反省，謝罪していない」とボイコットが起こること

18　このような歴史を繰り返すにもかかわらず，日本には，官僚・公務員組織は「聖域」であると考える人が多い。なぜなら，「公」という概念は，古代ギリシャ文明から派生するpublicではなく，「お上」であるという意識を持たされるからである。これは，中華文明・儒教が影響している（加地1990）。

もある。さらに，実際は，不適切なメディア対応をした重役の一個人としての「態度」でしかないのであるが，視聴者となった一般の消費者には，企業全体の体質の「現れ」と受け止められてしまうのである。

　さらに，メディア対応で不適切な言動をする重役が「複数」いた場合，「あれが，天下の〇〇という会社の本性だ」というイメージを持たれてしまう。つまり，一般の消費者・視聴者は，この重役たちを通じ，当該企業を「人格化」するのである。ところが，メディア対応する重役の多くは，当該企業の集合近眼に罹った「常識」にもとづいて話し，行動しているため，不適切だという「自覚」がない。組織内で彼らをたしなめる，彼らに意見を言える人がほとんど存在せず，「裸の王様」になっている場合が多いからだ。さらに，本来，危機管理すべき PR・広報部門が機能不全で，火に油を注ぐこともある。その結果，消費者はもちろん株主からも見放され，倒産にまで追い込まれる場合がある[19]。

　さらに，この不適切な対応が，グローバルな企業危機にまで発展する。この典型的なケースについては，第6章4節で述べる。筆者が教鞭をとる CSR（Corporate Social Responsibility，企業の社会的責任）論では，このメディア対応で失敗し，企業危機に陥った優良日本企業のケースを分析し，教えている[20]。

19　このパターンは，企業のみならず，大学の不祥事でも見られる。特に，2018年に東京に本部があるマンモス大学の不祥事で顕著である。
20　Chikudate & Alpaslan（2018）では，トヨタのリコール危機について分析している。また，不祥事が起こっても，大規模な危機に発展しない対応をとることが十分可能である。例えば，第6章5節で述べた GM のリコール問題は，トヨタのリコール危機の後にメディアで騒がれたため，トヨタの二の舞にならないようにと女性のバーラ社長が「人格化した企業」を名演した。「人格化した企業」が適切な言動をすることを corporate apologia と呼ぶ。また，人格化した企業が不祥事から立ち上がる方法もある（Chikudate 2010）。日本における corporate apologia による企業危機管理については，筆者が DIAMOND ハーバード・ビジネス・レビューの「オピニオン」で紹介している。築達（2012）を参照のこと。

第5章

体質改善の可能性を模索する

 可視化・意識改革・活性化・研修の有効性・限界

　組織の体質は，変わりうるのであろうか。この問いに関しては賛否両論がある。体質を風土であるとこじつけた場合，短期間で「変わったように見える」状態にすることは比較的容易である。理由は，組織風土とは個人を取り巻く「外部環境」であり，外部環境の構成要素を操作できるためである。外部環境の構成要因とは，人間に与える「印象」であり，組織の構成員の「態度」・「行動」・「身なり」等の人為的要因，建物・オフィスの立地・デザイン・レイアウトという物理的要因を指す。人為的要因は，「あいさつ」，「言葉使い」，「話し方」を意味し，構成員が若ければ，若いほど，「鍛錬」ですぐに「変えやすい」。つまり，本心とはかけ離れた「演技」であっても，意図的に，ふるまい方・コミュニケーションを変えることにより，職場全体が「明るくなった」「積極的になった」「知的になった」「親切・親身になった」「きびきびしている」「真剣になった」という印象を醸し出すことが可能になる。特に，固形の商品，専門的な知識・技能を売り物にしないサービス産業・接客業においては，社員・職員の職場の印象そのものが商品になるため，顧客に好まれる組織風土に変革したがる傾向にある。

　また，組織本来の「核となる技術」では勝負できず，付加価値としての接客・サービスにより，売り上げを伸ばそうと考える場合もこのケースに当たる[1]。これを，巷の多くのコンサルタント・コンサルティング会社・トレー

ナーは,「意識改革」,「活性化」と銘打ち,彼らの商売とする。

　ただし,風土としての体質改善は,あくまでも「一過的」なことが多く,研修等の数ヶ月後に,元に戻ることが多い。それを見越して,コンサルタント・コンサルティング会社・トレーナーは,改善を持続的に「感じさせる」べく,同じ研修を数ヶ月単位で当事者たちに実施し,ずっと「研修漬け」にする。ある経営者は,「それで売り上げが伸びるのだから経費の一部だ」と割りきる場合もある。しかし,研修漬けにされる従業員たちは,たまったものではない。また,元の風土に戻ってしまった場合,経営者・経営陣は,別のコンサルタント・コンサルティング会社・トレーナーを「意識改革」,「活性化」のために呼び,再度,別メニューで従業員を研修させる。しかし,これが「悪循環」を招くのである。重なる研修に,経営者・経営陣に対し怒りと不信感を募らせ,結局,仕事にコミットメントせず,離職者が増えるか,なんらかの悪影響を会社に及ぼす場合もある。

　次に,本来見えにくいはずの組織の体質を可視化する試みについて述べる。体質の可視化を試みる研究者・コンサルタントがいる。彼らの理屈は,次の通りになる。まず,可視化を計量化と置き換え,計量化が可能であるという論陣を張る。この「可能派」は,主に,体質を風土としてとらえる心理学者・行動科学者・組織行動学者・人的資源管理学者に多い。さらに,従業員の「態度」を国際比較・異文化比較するために「異文化偏差値」を作ろうという国際経営学者・異文化経営学者にも多い。

　「可能派」の理屈によれば,まず,個人が持つ集団・社会の「印象」を「客観的」に測定し,統計的に分析することは可能だという前提から始まる。次に,集団・社会を「会社」・「組織」に置き換え,個人が職場・組織に対して持つ「印象」を寄せ集めし,合算し,割ることにより得られる平均値を「組織風土」であると操作定義化する[2]。つまり,前述の通り,組織風土とは,個人を取り巻く「環境」であり,組織とはその集合体なのであるから,この調査法・測定法そのものが不適切であるとは言えない。また,「異文化偏差

1　組織における「核となる技術」とは,大学であれば,研究と教育であり,病院であれば,医療を意味する。
2　例えば,Schneider & Snyder (1975)。

値」の考え方から派生し，体質を文化として計量的調査を行い，測定してみせる研究者もいる[3]。実際，このような手法で自分の職場・会社・組織を調査・測定してもらう当事者・経営者には，統計的に処理した結果を見せられ，「こんなものか」と納得する経営者・幹部もいる。

　しかしながら，体質を計量化することが「不可能」もしくは「不適切」であると考える研究者もいる。さらに，計量的調査を依頼した当事者が調査結果に納得しない場合も多いのである。「不適切派」は，組織＝文化ととらえる文化人類学・社会学・社会思想系の研究者に多い。なぜかといえば，風土・文化を測定するにあたり作成される「測定尺度」は，数値的にはある程度の信頼性・妥当性が「統計学的に」確保されていたしても，英語圏・準英語圏の研究者が英語圏のデータを用いて作ったものを別の言語に翻訳したものが多いからである。日本でそれを用いても，日本の「実践」に当てはまらないのである[4]。

　また，過去，日本企業で得たデータを総動員し，因子分析等の統計手法を利用し，妥当性を作りだすとともに，係数を用いることで信頼性を確立したとする日本独自の測定尺度を用いる場合がある。ところが，この測定尺度を用いて風土を測定してもらい，測定結果を返された当事者・経営者には「この数値にはどんな意味があるのか」，「わが社では，具体的にどんな風になるのか」という疑問を持たれる場合が多い。このような質問をされたコンサルタントは，「弊社で過去に集めた優良日本企業のデータの平均値で言いますと」と同業他社と比較し，一般的な物言いをすることしかできない。また，「結果説明のためのマニュアル」がある場合もあり，その範囲の中でのみ，クライアント企業の代表に説明することになる。

　測定結果を返された担当者・経営者がする上記の質問は，実は，計量的手法の弱点を指摘したものだ。理由は，計量的手法では，当事者が属する組織体質の「独自性」を作り出す「コンテクスト」（文脈）を抽出できないからだ。この「コンテクスト」とは，人々が実際に体験する「具体的な状況」で

3　異文化偏差値の第一人者は Hofstede（1980）であり，組織文化を測定した研究もある（Hofstede, Neuijen, Ohayv, & Sanders 1990）。
4　「学術的背景・系譜」5.1. からで詳説する。

あり，その状況にいた人間に共通の理解を生み出すものである。これを企業・組織にあてはめると，それぞれの企業・組織にいる人間にはわかる，もしくはその人間にしかわからない状況ということになる。つまり，コンテクストを無視，軽視した調査は，クライアント企業・当事者には，「具体的に，何をどう改めるべきか」が直感的にわからない。

ところが，これとは対照的な考え方もある。組織の構成員が相互交流することで形成される組織独自の認識・思考パターン・価値観があり，こうした「世界観」こそが組織の特性であり，この特性こそが，それぞれの組織に特有な体質と考えるのである。しかしながら，「質的調査法」を用いたとしても，そのやり方，調査を「誰が」担当するかによって，調査結果の妥当性を得ることはできないのである。これに関しては，次の節で解説する。

部外者・新参者には見えるが，中堅・ベテランには見えず，語れない

それでは，なぜ，質的調査法を用いたとしても，妥当な調査結果を得ることができないのであろうか。組織変革の手段として，まず，自分たちの企業の体質を調べようと質的調査のようなものを用いた企業がある。本節では，実際の例を挙げながら検討する。NHKスペシャルで「あなたも会社を変えられる」という2001年に放送された番組がある[5]。番組では，サラリーマン社会をテーマに描く人気漫画家も出演しており，巷で人気があるビジネス雑誌の編集長ならびに，「体質」改善に取り組んだ，とある日本の優良企業のサラリーマン達がスタジオに集結している。ほぼ全員が文化と風土を混同しながら話している。2001年当時は日本語で出版されている書籍・論文の中でも文化と風土の混同が多かったため，しかたがない。

さらに，この企業の体質改善の取り組みが，成功したかといえば，大失敗なのである。実は，この企業は，2016年に燃費偽装が発覚し，経営破綻寸

---

5 NHKスペシャル（2001年7月14日）を参照のこと。

前までいき，日産自動車に支援を受けた三菱自動車である。支援した日産自動車自体も不正で非難されるという皮肉な結果にもなっている。三菱自動車の「文化」が悪いのではないかと感じた2001年当時の社長の直感は鋭いものがある。ところが，文化を自分たちで変えることに「失敗」したと言わざるをえない。理由は，その後，不祥事を繰り返したからだ。

　三菱自動車が決定的に失敗した理由は，英語で言う in-house consultation，つまり，社内の人間だけで組織診断・変革に取り組もうとしていたからだ。質的調査を実施する上での前提条件は，自分が生まれ，自分を育んだ文化以外を研究対象にするというものである。

　文化人類学の手法を用い，ソニーやマイクロソフトの組織文化の弱点を分析し，ベストセラーになった The Silo Effect（サイロ効果）の中にも，調査者は，研究対象となる文化が「エキゾチック」（異国風）に見えることが大前提とある[6]。逆に言えば，自分たちには，自分たちの文化をエキゾチックに見られず，感じられないのである。これは，第6章で詳述するが，「何が日本的か」と尋ねられた日本人が，正確に即答できないことと同じである。ところが，日本を訪れた外国人には，「気づけ」，「見える」のである。なぜ，日本的なものに「気づける」のかは，make sense しないからである[7]。なぜ見えるかと言えば，彼らの国にはそれが「ない」からである。つまり，日本で生まれ，育ち，日本語を話す人間には，「常識」・「日常的風景」となり埋没していることが外国人には「常識」・「日常風景」ではないからである。

　さらに，自分には自分の姿を完璧に観察することができないため，「自分には自分が見えなくて当然」という物理的理由も成り立つ。たとえば，他人からは自分の姿を3次元で「見られること」は可能である。ところが，自らは，鏡やカメラを通じてしか直視することはできないのである。つまり，自らを部分的には「見ることができる」が，「死角」が存在するのである。例えば，自分の態度・言動・顔の表情等を常にオンタイムで自らモニタリング

6　Tett（2015）を参照のこと。この著書で，Margaret Mead, Franz Boas, Claude Lévi-Strauss, Clifford Geertz 等の文化人類学者たちが「非西洋文化圏」とのエキゾチックな遭遇から，「見えなかったものが見える」体験を生み，彼らの偉業につながったと解説している。様々な批判があるにせよ，Ruth Benedict による『菊と刀』もニューヨーク生まれの彼女が遭遇した日系人強制収容所というエキゾチックな体験から生まれたものである。

7　第3章1節を参照のこと。

しながら，自分の感情・気分・思考の流れを正確にとらえきれない。ところが，他人には自分の態度・言動・顔の表情が見え，感情・気分を推測できるのである。

　同じことが組織の体質の質的調査・診断にも言えるのである。第4章1節で述べたように，新卒で，長く同じ企業・組織に勤めていると，規範化により，知覚を通じ，目の前の現実を他人と同じように構築するようになる[8]。その結果，「ここでは，こんなものか」と気を留めなくなるのである。

　ところが，規範化されたベテランには無色透明なはずの目の前の現実は，部外者，新人，特に，外国人には，「色」がついて見えるのである。NHKスペシャルで取材された三菱自動車の企業文化変革チームにも，新卒で長年勤めた社員には，見えないことであっても，見えていた社員もいた。情報産業から転職してきた若手社員である。つまり，三菱自動車の「常識」にまだ染まらず，集合近眼に巻き込まれていない。さらに，以前の経験と「比較」することにより，三菱自動車の職場における生活世界が「おかしい」と気づけるのである。しかし，残念なことに，組織の質的調査・診断のアカデミックな教育を受けているようには見えなかった。さらに，部外者としての「独立性」が確保されていなかった。この独立性が確保されていない場合，データの解釈・分析に，何らかの「計算」・「社内での自分の立場」・「アイデンティティ」というものが，無意識に影響してくるのである。企業・組織内部の人間は，外部の調査者へのインフォーマント，つまり，情報提供者にはなれるが，独立性を確保された調査者にはなれないのである。

　この逆もある。例えば，筆者の友人でアメリカ人の文化人類学者が，関東地方にある外資系企業の研究所で行ったエスノグラフィーの報告である。それには，就業時間が終わり，実験が継続しているわけでもないのに，すぐ帰らず，全員で卓球をしているという記述があった。我々日本人からすれば，同僚同士の「付き合い」であると，気にも留めない。ところが，このアメリカ人の文化人類学者にしてみれば，別の解釈が可能になる。人間関係を職場とそれ以外で区別するアメリカの職場には「付き合い」は基本的にないから

8　Berger & Luckmann（1966）を参照のこと。

である。そのため，関東地方にある外資系の研究所での参与観察により，「付き合い」から，「一人の苦労はみんなの苦労」の理屈となり，「自分たちで作る残業」が慣習化し，そこから抜け出られなくなることが日本人労働者を疲弊させている要因であるという解釈になるのである。つまり，このアメリカ人の文化人類学者には，研究対象となった外資系の企業の社員ではなく，「立場」という損得勘定がまったく働かない独立性を確保しているからこそできる解釈なのである。

綱紀粛正・CSR・企業倫理の限界

　多くの優良日本企業のホームページ，パンフレットには，「わが社は，善良な企業市民を目指し，社会的責任のある企業行動を行います」と企業倫理大綱もしくはCSRとして企業の外に対して宣伝しようとする姿勢がうかがえる。ここでは，社会の中で立派な企業として貢献するつもりですという意志を表明している。なぜ，このような意志を表明しなければならないのかというと，企業を「擬人化」し，善良な企業市民として「どう行動するべきか」という社会から企業へのあるべき姿・期待に応えるためである。この「べき」論を，哲学・企業倫理の領域では，「規範理論」と呼ぶ[9]。

　実際に，この「あるべき」姿を求めるため，様々な取り組みにまで実現しようと「意思決定」している場合もある。この意思決定を「道徳的意思決定」と呼ぶ[10]。当然，善良な市民としての企業には，利潤追求活動という「権利」が与えられる反面，納税の他に，コンプライアンスという義務を果たさなければならないという交換条件が与えられている。義務を果たさない場合は，権利を一時停止されるか，取り上げられて当然であると考える。様々な解釈・理解が巷で蔓延しているが，これが「企業の社会的責任」通称CSRの本来のグローバルな共通理解である。日本の名だたる優良企業と呼ばれるところが加盟している経団連においてもこの考え方に即したCSR・

9　企業倫理の場合，Kant哲学から派生することが多い。例えば，Bishop (2000) を参照のこと。
10　原語ではethical decision-makingという。Werhane (1998) を参照のこと。

企業倫理への取り組みを加盟企業に促しているはずである。また，不祥事を未然に防ぐために，弁護士・法律の専門家を顧問として雇い，さらに，内部通報制度を設ける場合もある。図表 5-1 で規範理論の理屈を整理した。

　ところが，現実はどうであろうか。不祥事が発覚した企業は，すでに「べき論」で成り立つ CSR，企業倫理の制度化に取り組んでいる。さらに，不祥事が発覚すると，メディアの前で企業のトップがなんらかの再発防止策を講じ，信用回復に取り組むという声明を出す。その再発防止策として，綱紀粛正し，内部通報・厳罰化という制度を導入する。ところが，数年後に，また同じ企業がトップを取り換え同じことを繰り返すのである。つまり，規範理論から発想する「べき」をすべて否定するつもりはないが，その有効性が疑われるのである。

　なぜ，「べき」論が効力を持たないのかというと，企業「単位」の不祥事にまで発展する「不適切な」行為に，実際に手を染めているのは，あくまでもその企業に所属している個人もしくは複数の個人であるからである。当然，それが，会社ぐるみというチームになっている場合もあり，個人の数が増える場合もある。つまり，この「べき」論を浸透させる単位は個人であり，本来，哲学でいうところの「規範理論」の対象は個人なのである。ところが，規範理論では，本来人間ではない企業を擬人化し「一人」の善良な市民とみなし，擬人化した企業に対し「あなたは，○○すべきです」と説いてしまう

図表 5-1　規範理論の理屈

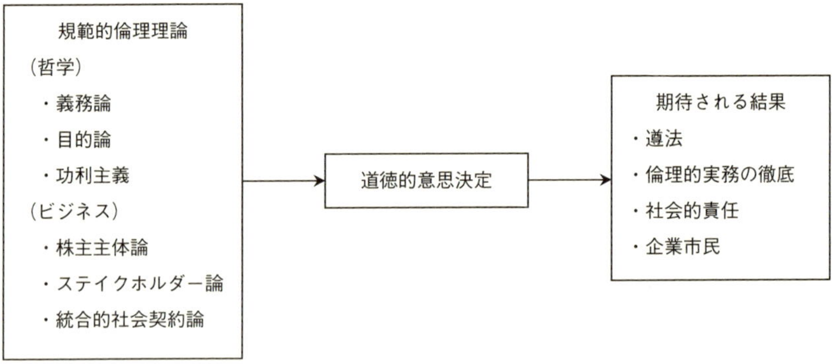

```
┌─────────────────┐
│  規範的倫理理論      │
│  （哲学）           │
│  ・義務論           │
│  ・目的論           │         ┌──────────┐         ┌─────────────┐
│  ・功利主義         │ ──────→ │ 道徳的意思決定 │ ──────→ │ 期待される結果    │
│  （ビジネス）       │         └──────────┘         │ ・遵法           │
│  ・株主主体論       │                              │ ・倫理的実務の徹底 │
│  ・ステイクホルダー論 │                              │ ・社会的責任      │
│  ・統合的社会契約論  │                              │ ・企業市民        │
└─────────────────┘                              └─────────────┘
```

注：築達（2004）より。

ところに限界がある。結果として，企業・組織単位の「べき」論は，現場で実際の仕事をする人間までには浸透しないのである。

　規範理論を土台にした「べき論」が，実践で効力を発揮できない理由は他にもある。この「べき」を人間の「意思決定」に働きかけようとするからである。第3章で詳述したように，現場の人間の行動を「判断」させるのは，行動に対する集合的期待としての「規範」であり，その範囲は，自らが知覚でき，体験できる生活世界なのである。実際，この規範に即して行動していれば，懲戒的パワーの餌食にならず，「流れる」という状態を作れ，仕事が「回る」のである。その結果，規範の範囲の中で，「実践」が適切なのか不適切なのかを定めていく。ここで，多くの人が，文句を言わないか，「回し」，「流せ」ば，適切だと受け止められるのである。そして，それが，暗黙の了解から常識として定着するのである。つまり，この「判断」のメカニズムが，「べき」論で能動的な「道徳的意思決定」をブロックするか，フィルターするのである。「仏作って魂入れず」という状態が出来上がる。さらに，採用，昇格といった日本的人的資源管理において，組織社会化という一人前の社員になる過程が，均質化を助長する規範化に食い物にされる場合，同じような道徳観・倫理観・価値観を持つ人間が再生され続ける。その結果，同じ企業・組織で不祥事を繰り返すのである。

　さらに，同じような道徳観・倫理観・価値観を供するメカニズムは，一企業を超え業界全体に，浸透している場合がある。いわゆる「横並び意識」の弊害で，「どうせ，他もやっているから」とお互いに真似し合うのである。これを新制度論では，「模倣的同型化」と呼ぶ[11]。その結果，道徳観・倫理観・価値観が「似たように」不適切となり，同じ業界で不祥事を繰り返す。ところが，不祥事企業の当事者達は，このことに気づかず，一生懸命「べき論」的対策に取り組んでいる場合が多い。図表5-2は，なぜ規範理論が有効性を失うかのメカニズムを整理した。

　2017年の冬に発覚した自動車メーカーによる不正に当てはめてみればすぐわかる。なぜ，自動車メーカーで長年無資格の人間が検査していたという

11　原語では，mimetic isomorphism（Powell & DiMaggio 1991）と言う。日本にある業界全体で，集合近眼での模倣的同型化に関する分析はChikudate（1999a）を参照のこと。

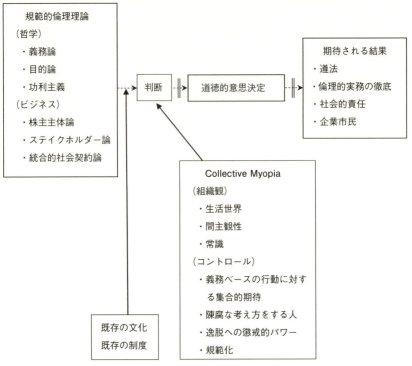

図表 5-2 Collective Myopia（集合近眼）と規範的倫理理論の関係

注：築達（2004）より。

不正が維持・継続されてきたのかと言えば，現場での仕事のやりやすさ，「回す」を最優先したからである。つまり，法令的には，国家資格というものがあるにもかかわらず，それを遵守しなければならないという判断がすでに働かないのである。なぜ，働かないかといえば，当事者は組織での自己保身のためには，組織にある「規範」への迎合の方が，法令遵守より「大事だ」と考えるからである。例えば，2017-2018年の品質データ改ざん問題に関し，三菱マテリアルの社長は，「順法意識が低下していた。グループ内で風通しがよくなるよう取り組みたい」とこの思考パターンを認めている[12]。

---

12 朝日新聞（2017年11月25日朝刊）を参照のこと。

なぜ，組織にある規範への迎合が優先されるかと言えば，「ばれなければ」，組織の中で規範逸脱者として懲戒的パワーの餌食にならないからである。これは，2017年の冬に発覚した不正を黙認していた役員たちがいた神戸製鋼も同じである[13]。神戸製鋼ならびに三菱マテリアルによる不正黙認が1970年代から続いていたという事実は，かつて，品質管理のMade in Japanと言われ，日本人は真面目で正直だという前提が，実は成り立っていなかったことを指摘しているのかもしれない[14]。さらに，神戸製鋼というサプライヤーの部品を長年採用していたトヨタは，2018年安全基準を満たさない車を販売したとしてアメリカで訴訟された[15]。つまり，「流れ」と「回る」は一企業内のノルムクラシーが機能主義[16]を食い物にするばかりでなく，サプライチェーンという取引先にまで多大なる悪影響を及ぼすのである。

---

13 朝日新聞（2017年12月22日朝刊）を参照のこと。
14 朝日新聞（2018年3月7日ならびに3月29日朝刊）を参照のこと。
15 日本経済新聞（2018年3月7日夕刊）を参照のこと。
16 特に製造業の場合，ここに安全性・品質保証という優先順位も加わる。

第6章

集合近眼とグローバリズム

　グローバリズムという言葉に対し，チャンスもしくはポジティブにとらえる人間がいる反面，「ついていけない」，「日本の良さがなくなる」とネガティブな反応をする人間も日本において多いことだろう。さらに，グローバリズムを「アジア」もしくは，「東アジア（漢字・儒教圏）」においてという限定範囲で考える人もいる[1]。

　グローバリズムをネガティブにとらえるか，限定的にとらえる人間は，「生存圏」[2]の発想から，なんらかの自己防衛，妨害行為をしがちである。第2章1節で述べたように，グローバリズムには，労働賃金での競争がつきものであり，それに負けた結果，ネガティブにとらえる人間が日本のみならずアメリカ等の先進国でも多いのである。

　本章では，まずグローバリズムにおける日本企業の活動において，集合近眼がどのような影響を与えるのかを述べる。さらに，集合近眼という組織の病気構造が日本を超え普遍化[3]している実情について述べる。

1　日本語が通じやすく，日本の「型」をそのまま移植できるものと錯覚するからである。
2　ドイツ語では Lebensraum と呼ぶ。
3　英語では universalization と呼ぶ。

日本的規範を持ち込む弊害

　集合近眼が企業活動のグローバリズムに与える影響を論じる前に，企業活動のグローバリズムの段階について述べる必要がある。経営学の教科書に，企業のグローバル化の段階説がある。これは，主に，製造業を想定している説である。第1段階では，自国で製品を作り，それを商社・代理店を通じ，海外の市場で売り，ドルで得た利益を円に換算して自社の収益とする。第2段階では，商社・代理店を通じず，自社で海外の代理店業務を担うものを作り，それを通じ，海外の市場で売るという段階になる。この二つの段階までは，日本の中で一生懸命「ものづくり」をやっていれば，海外で売り上げが伸び，業績を伸ばすことが可能になる。実際，戦後の経済復興から世界第二位の経済大国になるまでの日本的経営の神話は，この段階までの努力によるところが大きい。

　第3段階になると，現地に工場を進出させ，生産を行うようになる。第4段階になると，現地にいる消費者の嗜好・習慣・宗教等に合わせるべく研究・商品開発も含めた企業の主要活動の現地化を進めるようになる。第5段階になると，グローバルな統合とともに，現地の子会社単独ですべきこと（ローカリゼーション），グローバルな企業全体として標準化すべきこと（グローバリゼーション）の線引きが可能になる。つまり，この段階でグローバル化と現地化を同時にすすめる「グローカル」の段階に入ることになる。

　これはあくまでも企業の「グローバル化」という段階であるが，必ずこの段階を踏む必要はない。創業時にすぐグローバルから始めることも十分可能なのである。この典型的な日本企業は，創業後即，アメリカ市場に進出したソニーであろう。Hondaも早い時期に，アメリカ市場に進出し，「現地化」している。さらに，たとえ数人規模の中小企業であっても「コード」という世界共通語で，商品・サービス・技術を提供するITの場合，現地語にホームページ等を翻訳するだけで，すぐ，グローバルから始められるのである。

　多くの日本企業が苦労しているのは，第3段階以降のグローバル化への対応である。海外進出先の決定は，緻密な経営戦略・地政学的リスク分析に基

づいたものではなく,「これからは,○○の時代」と日本のメディアで煽りたてられた日本の同業他社との「横並び意識」,もしくは親会社の意向によるところが多く見られる。この横並び意識は,集合近眼によるところが大きい。その結果,十分な準備なしに,直接海外に出て行き,現地化し,さらにグローバル化しようとしても,対応できる日本人の人材の確保・育成は難しい。すでにある程度現地法人で「地ならし」ができ,日本人の現地採用組が確保されている場合を除き,「カルチャー・ショック」が凄まじいからである[4]。さらに,派遣される本人ばかりでなく,家族を同伴するとなると,家族もカルチャー・ショックに巻き込まれることになる。カルチャー・ショックは,「摩擦」・「違和感」によるストレスによって引き起こされる。

　このストレスというのは,日本人が,幼稚園・小学校から受験勉強に追い込まれ,さらに社会人になってから,規範主義的組織の中,「数字」・「スピード」に追いつめられることからくるものとは異なる。日本の場合,「予想可能な範囲」がある。「普通」という基準もしくは一つしかない問題の解決・解答法,または,「話し合い」という同調性を求める力等を経験的に獲得でき,それをたいていの場面で応用できるからである。ところが,この予想可能な範囲とは,あくまでも,日本で生まれ育ち,漢字仮名交じりの言語を用い,小学校から日本の学校に通い続けた者の中だけで通用する範囲なのである。これを第3段階から現地に持ち込むと,日本的なやり方が通用しなくなる。常に「予想不可能」な環境で,現地で生活し,その地で生まれ育った人々と一緒に仕事をしなければならないのである。当然,予想不可能な状態は,「慣れ」もしくは「日本とは違うのだから」というあきらめの境地に達し,現地語を上達することによって克服されやすい。若ければ若いほど,学習により克服されやすい。若ければ,「恥」の概念が薄く,失敗しても,バカにされても回復が早いからである。習慣・衛生・治安といった点で日本と現地の格差が歴然な場合,常に「我慢」と「緊張」を強いられる。世界で「水と安全がタダ」なのは,日本を含めると先進数ヶ国のみである。

　先進国に行った場合,生活水準はそう変わらないため,日本の外国語大学

---

[4]「学術的背景・系譜」6.1. からで詳述している。さらに,Oberg (1960) を参照のこと。

等で現地語をある程度取得できているか，英語ができれば，なんとか仕事上のコミュニケーションはできる。ところが，現地人のスタッフ・部下とは，「身体」が違うため，「人種・民族性の差」を感じさせられる場合もある。

さらに問題となるのは，たとえ英語で話していても，日本語で発想するため，「通じ合う」あうんの呼吸や「空気を読む」等の組織コミュニケーションの「日本型」を現地の職場に持ちこんでしまうことである。あいまい，なんとなく，「言わなくともわかるだろう」というハイ・コンテクスト文化の日本とは異なり，ロー・コンテクスト文化圏に行けば，すべてにおいて，緻密に明文化し，論理的な説明をしなければ現地人スタッフは納得して仕事をしないという壁に突き当たる[5]。さらに，ハイ・コンテクスト文化圏に赴任した場合でも，現地人のコミュニケーション・スタイルの土台となる「暗黙の了解」を持っていないため，常に「誤解」が生じるようになる。

さらに，この組織コミュニケーションに，集合近眼が悪影響を及ぼすのである。まず，赴任した日本人本人は自覚せずとも，日本的規範を現地に持ち込んでしまう。なぜ，自覚しないかと言えば，それが，入社以来，規範化により「教え込まれたもの」であり，本人としては，言語化することがない大人の日本人としての「常識」であるからである。特に，採用・昇進といった人的資源管理に加え，規範主義的組織論を現地に持ち込むことにより，不都合をもたらす。現地の法令に抵触する場合すらあるのである。宗教に反するような食材加工はもとより，セクシャルハラスメント等で，現地で訴訟・処罰されるケースも多い[6]。現地での微妙な「階級差・区別」を理解せず，日本的な平等主義を押し付け，暴動になったケースすらあった。

現地人による反発のみならず，現地「の」優秀な人材が最初から日本企業に来なくなる場合もある。または，すぐ辞めてしまう。昨今の海外のメディアで日本に関するニュースで拡散されているのが，「日本企業では，死ぬまで働かされる」という過労死の話題である。karoshi が英語で定着しつつあり，かつての「日本企業は人を育て，福利厚生で手厚く待遇する」という日

---

[5] ハイ・コンテクスト文化の最たるものは日本であり，ロー・コンテクスト文化は，主に，ドイツ語圏，英語圏，ノルディック語圏である。Hall (1976) を参照のこと。
[6] これは，セクシャルハラスメントの概念・定義の違いにもよる。

本的経営論は、欧米で衰退しつつある。さらに興味深いのは、海外で法令違反した日本企業は、実は、日本でも不祥事を起こしているのである[7]。つまり、国・社会を問わず法体系を無視する「集合近眼」が体質として定着し、企業独自の倫理観でグローバルに操業していることを意味する。

　過労死するまで現地人を働かせなくとも、規範主義的組織論を現地の職場に持ち込むことで摩擦や衝突が絶えなくなる。急に、仕事が入ったから、残業でも命令しようものなら、「職務規定にない」とすぐ帰られるか、昇給・ボーナスを要求される。それができなければ、さっさと転職されてしまうのである。採用時に示した職務規定に「お茶、コーヒー出し」が書かれていなければ、接客時に、「コーヒーを出してくれ」と指示でもしようものなら、「私の仕事じゃない」と激怒される場合もある。これは、宗教・歴史的背景が大きく影響する[8]。このような微妙な文化差を熟知し、それを乗り越え、現地人との仕事の仕方を身につければ、いわゆる「グローバル・マネジャー」になれる[9]。しかし、海外経験なしに日本本社で採用され、現地に赴任した社員は、言葉の不自由さに加え、常に、「なぜ」という予想不可能な事態に陥り、疲弊するのである。その結果、現地に溶け込むというより、日本食レストラン・居酒屋等に通いつめ、「日本にいつ戻れるのだろうか」と本社との連絡を心待ちにしながら滞在するようになる[10]。

ジャパナイゼーションの限界

　カルチャー・ショック等の海外進出の弊害を克服すべく、日本の大学に留

7　これは、自動車メーカー、財閥系企業に多い。
8　これは Hofstede（1980）が調査、開発した異文化偏差値尺度の男性優位度―女性優位度というものである程度、日本との差がわかる。日本は、圧倒的に男性優位度が高く、北欧はその対極にある。誤解すべきでないのは、西洋先進国ですべて女性優位度が高いわけではない。より、具体的に言えば、キリスト教プロテスタント系の方がカソリック系より女性優位度が強い。
9　筆者は、このようなグローバル・マネジャーとなるべき能力を備えた人材を「文化の通訳者」（cultural interpreter）と呼んだ（Chikudate 1995）。
10　実は、この異文化不適応の現象は、欧米人がアジアに赴任した場合も同じように見られる。北京で暮らしたドイツ人の精神科医の話によれば、中国へのカルチャー・ショックから来る精神障害で病んだドイツ人赴任者とその家族が押し寄せ、多忙すぎる毎日を送っていたそうだ。

学してきている外国人を積極的に採用すれば，グローバリズムに対応できる人材が確保できるという風潮がある。彼らは日本語が堪能なので，彼らに日本語「で」指揮・命令できるし，日本人サラリーマンとして「規範化」できた後，現地に送り込めるだろうという「淡い」期待によるものである。確かに，文部科学省が国をあげ，日本への留学生倍増計画を立てている。いわゆる「ジャパナイゼーション」である。

ところが，日本語が日本の大卒程度に堪能でなければならないという条件を付けると，漢字が堪能な国からの留学生で占められる。つまり，漢字仮名交じりの「読み」・「書き」の能力に固執すると，日本企業のグローバル化は，漢字圏での操業・市場でしか通用しないものになるのである。さらに，漢字圏の留学生の英語力に頼るという事態にもなる。

ところが，特定の方向・地域への偏った人材のグローバル化には，領土紛争という「地政学」的なリスクならびに貿易戦争に巻き込まれる可能性が潜在化している[11]。つまり，日本の大学で勉強している留学生で，日本語の「読む」・「書く」という能力に固執し採用しようとすると，それがかえって「足枷」になる可能性がある[12]。企業活動を全方向とは言わなくとも「多方向」に向けることこそが，グローバリズムのあるべき考え方なのである。

さらに，日本企業が外国人採用において，日本語の堪能な外国人留学生を「規範化」しようとする限界は，地政学的リスク・貿易戦争に巻き込まれること以外にもある。何より，日本語の「読み」・「書き」が堪能な外国人全員が，果たしてグローバルな基準で競争力がある学歴・技能・知識・資格を有しているのだろうかという「機能主義的」観点からの発想である。特に，漢字仮名交じりを「読む」・「書く」能力ならびに日本文化への「親和性」・「順応性」だけで外国人を採用したとしても，特に，研究開発を担うような先端分野では，グローバルな水準で優秀とされる人材を採用できるのであろうか。

11　従来の経営組織論・戦略論にある企業を取り巻く「環境・状況」という概念に，「紛争」・「戦争」というリスク要因も重視し，グローバル戦略の策定，人的資源管理を行う必要がある。また，古いグローバル戦略を見直す必要もある。この地政学的リスクを分析し，その情報を提供している第一人者が『「G ゼロ」後の世界』で著名な Eurasia Group のブレマー氏であろう。Bremmer (2012) を参照のこと。
12　日本語は，敬語・丁寧語を省けば，「聞く」・「話す」という力では案外楽に習得できる言語である。

第6章 集合近眼とグローバリズム

　研究開発部門で優秀な人材を確保するためには，どうしても，日本以外の世界大学ランキングで上位の大学，もしくは，該当する研究分野に特化し，その分野で評判が高い大学に触手を伸ばす必要がある。そうしなければ，世界中に存在する同業他社に，彼らを積極的に採用されてしまい，世界最先端な知識・技能を確保できず，開発競争に負けてしまう[13]。さらに，彼らを採用しても，日本的「規範化」を求めようものなら，「自分のキャリアが作れなくなる」と優秀な人材であるほどさっさと辞められてしまう。つまり，企業経営をグローバル化しようとしても，日本的規範化の理屈を経営管理・人的資源管理に持ち込んだ場合，その有効性は「限定的」にならざるをえない。

「標準語」と互換性

　集合近眼は，「標準語」と「互換性」というグローバリズムで重視すべきことを見えないようにもする。企業経営がグローバル化すると，「標準語」をどうしても「英語」もしくは英語・日本語のバイリンガル化にせざるをえない。これは，古くから多言語主義でオペレーションをしていたスイス・ベルギー等の小国に本社がある企業は別としても，市場・通貨が EU/Euro に統一されたヨーロッパの大国であるドイツ・フランス・イタリアでも克服してきた道なのである。ベルリンの壁が崩壊した直後の 1990 年代は，異文化経営という領域が注目を浴び，「多文化・多言語主義」の風潮が起こり，多様な文化の違いを理解し，多言語を操る「ユーロ・マネジャー」なるものの育成を，ヨーロッパの各大学が行おうとしていた。

　ところが，IT が異文化コミュニケーションの中心に踊り出るようになると，「簡略化」された英語が共通語になり，やがて，「標準語」になったのである。つまり，ドイツ語からフランス語，イタリア語，スペイン語，またその逆方向でいちいち通訳し，数ヶ国語で「文書化」する労力・人材・費用よ

13　これが「日の丸」家電メーカーが Samsung 等のアジア家電・スマホメーカーに敗れた要因であるという説もある。つまり，日本自前主義では太刀打ちできない段階が 2000 年頃からあり，2010 年頃に顕著になった。

りも,「標準語」に統一しようという経済合理性が働いたのである。ヨーロッパ言語の中で, 名詞の性に頓着しない英語は, もっとも簡単な言語である[14]。シェークスピアの英語を書け・話せなくとも, お互いに「楽に」学べ, 職場の「機能」で使える言語なのである。北米・アイルランド・旧大英連邦以外で使われる英語は, アメリカ語とイギリス語が混在したような表記やスペリングが容認されつつある。さらに, 日本の受験英語で出てくるような関係代名詞等の文法は完全に省略されつつある。受動態・無生物主語も減少しつつある。つまり,「ユーロ英語」が誕生した。

かつては, ドイツ企業の経営はドイツ語, フランス企業の経営はフランス語で操業すべきだと主張することで集合近眼化し,「既得権」を得ていた世代に替わり, ITとユーロ英語を駆使できる世代が経営に携わるようになったという教育の「進化」も後押ししている[15]。

自国の文化・言語・伝統に固執していたはずのフランスでも, 大統領がジャック・シラク氏になったあたりから, 英語圏のメディアには英語でインタビューに答えている。2018年の時点で, フランス大統領のエマニュエル・マクロン氏も英語が上手である。この流れは, 旧宗主国をヨーロッパにもつ東南アジアの国々でも定着し, 東南アジア的言い回し, ハイ・コンテクストでの発想を無理やり英語化する「ASEAN英語」として定着しつつもある[16]。東南アジア各国としては, 宗教・言語・文化が多様化している現状で,「共通理解」を促す手段としての英語を使う以外に方法はないのである。このような流れを「グロービッシュ」と呼ぶ[17]。

このグロービッシュの流れは, TPP 11 (正式には, the Comprehensive and Progressive Agreement for Trans-Pacific Partnership) の発効により, 日本企業でも加速度的に広まっていくことであろう。TPP 11 という環太平洋諸国内

---

14 例えば, natureはsheとするなど, 例外として残ったものもある。
15 ノルディック語圏はもとよりドイツ語圏・フランス語圏の経済・経営学の分野でも, 国際レフェリー・ジャーナルでの英語論文の掲載が, 大学教員の採用・昇格での必須条件化している。Academy of Managementの年次大会でも, ヨーロッパ人による発表・シンポジウムが目立つ。
16 実際, 筆者も広島大学大学院で東南アジアからの留学生を指導しているが, 彼らの英文を読むと, 奇妙な丁寧・尊敬表現, ならびに「含み」を持たせた表現に遭遇することが多い。
17 McCrum (2010) を参照のこと。2018年の時点で, 広島大学大学院リーディングプログラム機構で提供している筆者の授業ならびに博士論文指導での言語は, 完全グロービッシュである。もちろん, 日本人の学生もいる。

における巨大な自由貿易圏で，英語が母国語なのは，カナダ，オーストラリア，ニュージーランドである[18]。ところが，彼らが使う英語は，100％英国語でも，100％アメリカ語でもない。これに，英語が準母国語化しているASEANが加わり，スペイン語でも用いられているローマン・アルファベットと親和性がある人たちが住む南米諸国が加わることにより，共通語・交渉語は当然，グロービッシュにならざるをえない。

どうしても，日本では，第二次世界大戦で敗戦し，アメリカ軍に占領され，「ギブミー・チョコレート」という英語をしゃべった記憶からか，特に，年配の日本人には「流暢にアメリカ語を話さなければ」という自己暗示がある。ところが，ユーロ英語，ASEAN英語では，それは「理想」であっても，重視されない。つまり，「流暢にアメリカ語を話さなければ」という自己暗示を捨て去ることが，グロービッシュ英語へ向かう第一歩であろう。さらに，「聞く」・「読む」能力を測定する試験の得点以上に，web等で「普通に話せ」，ビジネス文書等を即「書け」，ネットで送る，もしくはwebを通じ「協同」で書くというビジネス・コミュニケーション能力も必要不可欠だ[19]。

「標準語」の重要性は，日本の英語・国際教育でも，散々謳われてきたことである。しかし，これに加え，「グローバルな通用性」を求める場合，越文化的コード化・互換化という概念が重要になる。理由は簡単である。特に理系の場合，数式・コード・グラフ・写真，そして，「作品」・「実技」が最優先されるのである。また，それを見て，その人の実力を「具体的」に把握できるため，日本語，特に，「書き言葉」が堪能である必要がないからである。このことは，アート[20]，音楽，スポーツ，料理の世界でもいえる。

例えば，クラシック音楽界の頂点の一人となった小澤征爾氏は，メディアで折に触れ，自分は英語もドイツ語も正確に話せないまま，指揮棒を振っていると公言している。当然，彼の才能と努力によるところが大きいが，楽譜という簡略化された記号で構成される世界共通の「コード」が存在するから

---

18 カナダ・オーストラリア・ニュージーランドは旧大英連邦であり，経済圏以外に地政学的な影響も否定できない。
19 webに翻訳機能もあるが，日本語から英語への機能は，2018年の時点で，読めるレベルの英語としては及第点には至っていない。
20 現代アートで言えば，草間彌生氏，村上隆氏の名が浮かぶ。

だ。実際，フィールズ賞受賞者の広中平祐氏との対談で，楽譜読みを徹底的にやるしかないとも述べている[21]。

　面白いことに，日本語を駆使する「文学」においても，グローバルな通用性が見られるのである。村上春樹氏は，海外で絶大な支持を集める。彼のストーリーの面白さと「僕」という一人称による語り（ナラティブ）がグローバルな通用性の要因であると言われている。筆者はそれに加え，彼の作品が海外で読まれる理由は，彼の日本語が，日本文学の評価基準となる「美文」を目指さず，他言語に「互換化」しやすく書かれているからではないかと推察する。彼自身が，一流の「翻訳者」でもあり，翻訳者選定にも厳密になることも影響しているだろう。実は，この「互換化」しやすいというのが「伝播主義」というグローバル・コミュニケーションでの大切なキーワードになるのである。海外で日本人・日本企業の知識・技能がグローバルに通用し，それを伝播するには，越文化的コード化の必要性をボワゾ（Boisot 1983）は提唱している。筆者は，1990年代からコード化・互換性をグローバルに促進する人材として，「越文化コミュニケーション・ネットワーク・リエゾン」という役割の必要性を提唱してきた。

　企業活動におけるコード化・互換性の「光と闇」は，1980年代にすでに見えている。1980年代後半ごろまで，海外のプログラム・ドキュメントとの互換性があったのは，アップルのマッキントッシュと秋葉原で売られていたマッキントッシュ用ソフトであった。マッキントッシュは当時50万円もしたが，海外のドキュメントとのやりとりをする場合，使わざるをえなかった。その後，東芝が世界標準MS-DOS搭載のラップトップであるDynabookを開発し，海外のプログラム・ドキュメントとの交換が簡単になった。当時アメリカで大学院生だった筆者の周りでもDynabookは革命的な「発明」として受け止められていた。つまり，MS-DOSという「黒船」が来襲した時点で，それにいち早く便乗した東芝がラップトップ市場で世界を席巻した。

　ところが，Dynabookが発明されるまで，日本のあるメーカーがこの「互換性」を阻もうと日本規格のMS-DOSを搭載したデスクトップパソコンを

21　小澤・広中（1984）を参照のこと。

行政・大企業で普及させ，日本のハード部門を「囲い込み」ならぬ「ガラパゴス化」させていた。そして，日本規格の MS-DOS を搭載したデスクトップ・ラップトップに加え，「日本語に強い」というワープロ・ソフトに慣れてしまった日本人は，海外駐在員・出張者・留学生以外，自分たちは「海外との互換性を失っている」という危機感すら持たなかったのである。つまり，技術による集合近眼の助長が，日本で現実にあったのである。

結局，囲い込みをしようとした日本規格の MS-DOS マシーンならびに日本語に強いワープロ・ソフトは日本市場でも負け，Windows マシーンならびにマイクロソフト・オフィスが標準となっている。もちろん，アップル・ユーザーも多い。実は，これと同様の現象が，「日本的資格」にも表れており，そのグローバルな通用性・互換性が問われている。

意識できない日本的理屈の生成を理解する

グローバリズムにおける標準語と互換性の重要性は，理屈ではわかっていても，実際に行動に移せない，もしくは，自分はもうすでに「日本型」で既得権があり，それでなんとか逃げ切ろうと考える人も多いことであろう。このような思考パターンには，① 戦後の経済成長への郷愁，② 日本人優秀説が前提になっている場合が多い。

まず，「現在の日本の産業構造の中枢と考えられている製造業を起業したのは高等教育を受けていない松下幸之助・本田宗一郎・豊田佐吉等だ。さらに，世界的企業になるまで大きくなれたのは，集団就職で採用され真面目に汗水を垂らして働いた金の卵のおかげだ」という話をよく聞く。実際，「日の丸」大製造業が勢いを失いつつある今日の日本で，かつての「日本的経営」の成功話を懐かしむ番組・映画等がテレビで放送されている。

しかし，日本の外から見れば，国際社会での「相対的」な時代背景が日本の大製造業をグローバル企業にまで大きくしたという説明も可能なのである。まず，第二次世界大戦後の混乱ならびに朝鮮戦争により，朝鮮半島の隣に位置する日本が軍需物資の供給基地になるという「特需」があった。この特需

と1ドル360円という為替，さらに，アメリカの軍需産業からの「技術移転・転用」を土台にして，民需化し，商品化にいち早く成功したのが日本企業であるという説である。次に，第二次世界大戦で荒廃したヨーロッパに替わりグローバルスタンダード化したアメリカの産業界が，ベトナム戦争に突入し，軍需から民需への転換が遅れたという影響もあった。さらに，中東戦争により石油が高騰し，燃費の悪いアメリカ車が，アメリカ国内外で消費者から敬遠されるようになった。つまり，このような時代背景に加え，古代ギリシャでいうhubris（傲慢）がアメリカを狂わせ，自ら衰退に導いたところに「日の丸」家電・自動車が入り込む「ニッチ」が生まれ，世界市場を席巻しただけだという説明も可能になるのである[22]。

　日本の産業構造に対し，青色LEDの発明で2014年にノーベル物理学賞を受賞した中村修二氏による言説がある[23]。中村氏によれば，「手や体を動かして利益を生むのではなく，知恵と工夫で生きている欧米。基本的な部分をパテントで押さえたら，あとのモノ作りは日本や中国，東南アジアにまかせてしまい，パテント使用料で稼ぐというものです。IT関連もバイオテクノロジー，医療分野，航空宇宙産業も同じです……戦後の高度成長は，欧米の考えた技術を改良したり応用したりして高品質で低価格の商品を作り，それを売って成し遂げられてきたのです……日本が苦しんでいる今の不景気の原因の多くは，こうした後進国に追い上げられているからです」。

　つまり，日本における産業界の元凶は，手や体を動かしてきた，かつて過剰ともいえる労働者によって支えられてきた労働・生産システムへの「固執」であると中村氏は2001年に指摘しているのである。これを拡大解釈すると，日本の「ものづくり成功神話」は，戦後の過剰な労働人口によって成立していた「労働集約」という「型」による経済システムによるところが大きいが，集合近眼のせいで，それが見えず，グローバル・マーケットを席巻した「日の丸」大製造業を賛美し，「傲慢」になっていたことが日本の産業界全体の衰退を招いたということになる。実際，AI・RPA（Robotic Process

---

22　正確には ecological niche（Aldrich & Pfeffer 1976）という。
23　中村（2001）を参照のこと。青色LED発明時に勤務していた企業と，特許権譲渡と特許の対等な増額を求め争ったいわゆる「中村裁判」がある。

Automation）による「労働力の代替」が工場での労働，「定形」ルーチン型の書類仕事・窓口サービス等の分野で加速度的に進んでいる世相にあって，かつての労働集約型経済に根差した日本的経営・組織というものの「型」を維持することに，合理性・将来性を見いだすことができるだろうか。もちろん，人口減少による労働力の縮小もこの流れを後押しするだろう。

　意識できない日本的理屈になっているものに，ヨーロッパの植民地にならず，白人の国ロシアに勝ち，第二次世界大戦で負けても，戦後，経済復興し，世界経済大国2位にまで登りつめたのは「勤勉で優秀な日本人だから」という自負も挙げられる。この自負は，特に，1970年以前生まれの日本人に多い。これにより，日本人の弱点を認識し，克服しようとせず，集合近眼を悪化させていったという仮説が浮かぶ。

　実際，日本人の優秀性は単一民族から由来し，「日本はアメリカよりはるかに高学歴になっていて，知的水準が高い」という趣旨の発言をした総理大臣がバブル経済真っただ中に日本に実在したのである[24]。当然，「日本の総理大臣は，（アメリカ人を見下した）人種偏見主義者だ」とアメリカの国会議員達から非難された。このような日本的理屈が強固になると，日本企業がグローバル化する上で，日本的勤勉さと優秀さという前提でできた労働条件，人的資源管理に外国人が合わせよという傾向が支配的になる。

　さらに，集合近眼に罹ってしまうと，グローバルな環境・状況を正確に認識できず，危機に陥るというパターンになる。その典型的なケースが，トヨタの2009-2010年のリコール危機である。第1章2節にある「トヨタのリコール，熊本からグローバル危機へ：2005-2010年」で述べた，無理しすぎた戦略・過酷な労働条件という要因以上に，当時の日本本社にいる日本人幹部達が，アメリカでのトヨタ批判を正確に理解できず，対応が後手に回った結果であるという指摘もある[25]。つまり，当時のトヨタ本社にいた日本人幹部達が集合近眼に罹っており，「トヨタは正しい。絶対，大丈夫」というフィルターを通じて状況判断していたのではないだろうか。このような思い込みをenactment[26]と呼ぶ。この状態では，刻一刻と「反トヨタ化」するアメリ

24　実際は，日本には複数の民族が生存している。
25　Liker & Ogden（2011）の中に，トヨタ・アメリカの社長のジム・レンツ氏の証言がある。

カ社会の世論に現実として対処できなかったことが危機の最大要因であるということになる[27]。この数年後，エアバッグのリコール問題で，タカタもアメリカで同様の失敗を繰り返し，2018年に事実上倒産した。

このような日本企業によるグローバルな危機を通じ，「日本規格」の押し付け，「日本的認識」が通用しないのではないかという疑問と不安が日本人の中に芽生えているかもしれない。しかし，その疑問・不安に対し，「能動的」に対応しようとしないのはなぜであろうか。それは，「日本規格」の思考・行動様式を日本人が外国人に明確に「言語化」できないからである。なぜ言語化できないかと言えば，日本人としてプログラミング化されるからである。例えば，何が日本文化であるかととっさに日本人に問われても簡単に説明できない。なぜかといえば，我々多くの日本人が「当たり前」だとする日常生活そのものが日本文化だからである。なぜ，日本文化であるかといえば，日本人になるように教育された人間が集合体となり文化を形成・維持するという「鶏が先か卵が先か」という議論になる。ところが，「いつどこから日本人になるのだろう」という社会化の視点で，比較文化的に考察すると，見えてくるものがある。

規範から逸脱しないように自分をモニタリングする日本人が作られる「いつ」の答えは「つ」がつく年齢を過ぎる頃であり，「どこで」の答えは，「小学校」である[28]。この見解は，筆者の経験・観察によるものである。日本の大人になると「普通」とされる発言の作法，即ち質疑しないでメモを少々とるか腕を組み，黙って終わる会議の原型は，小学校の教室にある。幼稚園・小学校の授業参観に毎年行けば，気がつくことだが，小学校3年生ぐらいまでは，先生の質問に対し，多くの子供が挙手するのである。そして，先生から指名されるのがうれしいのである。なぜかと言えば，「無視」されたくないからである。ところが，小学校4年生頃から，挙手する子供が極端に少な

---

[26] Weick（1979）を参照のこと。enactmentを行う前段階に存在する「知覚」の作用を哲学として発展させたのがHusserlである。第2章4節ならびに「学術的背景・系譜」の2.4.からを参照のこと。

[27] Chikudate & Alpaslan（2018）では，企業危機の複合的な要因を整理し，トヨタ危機を分析している。

[28] 「みんなで一緒に」という日本的集団主義は，学校に通いだす「幼稚園」・「保育園」の段階で作られるという説もある。

くなるのである。理由は，単純に学習内容が高度になり，自分の理解・答えに自信がないというものもあるが，間違った時に，「恥」をかくのが嫌，あるいは目立ちたくないという「他人の目」を気にすることを覚えるのである。これが，大人になって会議で下手な発言・質疑をして馬鹿だと思われるのが怖い，目立つことをして反感を買いたくないという習性と類似している。つまり，この段階で，自分が理解するための質疑の重要性というより「他人の目」，恥をかかない，出る杭にならないことのみに頭がいく日本人が作られるのである。「他人の目」とは，「自分が規範から逸脱していない」を自らがモニタリングする機能である。

　この他人の目は，文化によって異なるのである。筆者の大学院時代，クラスメイトの中にアメリカの小・中・高校の教諭・教頭がいた。彼らに頼まれ，アメリカの小学校・中学校・高校の授業で日本のことを話し，授業参観をしたことがある。驚くことに，小学校高学年でも，日本の「つ」が付くまでの年の子供のように，「先生，先生」と寄って行き，さらに，手を挙げまくる。班ごとに分かれ，わいわい作業をし，話をしている場合もある。中学生や高校生に至ってもアメリカでは相変わらず，積極的に質問の手を上げるのである。

　ところが，日本で「つ」がつく年齢を過ぎる小学校高学年の授業参観をした時，まじめに先生の授業を聞いている子もいるが，後ろの方では，ふんぞり返りながら鉛筆をくるくる回している子もいる。さらに，意味は100％正確に読み取れなくとも，漢字仮名交じりで書かれた新聞の「文章」を声に出して，すらすら読めるという印象を与えたがるのもこの時期である。これが，「漢字脳化」される日本人が作られる時期なのであろう。

　総括すると，アメリカとの比較のみでは，日本人かアメリカ人になる分岐点は，小学校4年つまり10歳頃ということになる。「他人の目」つまり「自分が規範から逸脱していない」を自らがモニタリングする機能を身につけるのも，この頃であろう。「恥」をかかないことに頭を使う日本人が作られるのも「つ」を超える年齢に達した頃であろう。

　さらに，「つ」を超えた年齢になると，「なんで」という素朴な質問も親にしなくなる。つまり，「迎合」することを学習するのである。そして，加齢

とともに日本人としてプログラミング化され，「日本規格」の思考・行動様式を外国人に明確に「言語化」できなくなる。これを「成長」と呼び，言語化できなくなることを「大人になった」という場合もある。しかし，大人になった日本人の多くは，日本人的思考・行動様式の原理を「言語化」できないため，外国人に「違い」を正確に伝えることができず，「こうなるはず」という「行動に対する集合的期待（規範）」を押し付けてしまう。本書の目的は，日本的意識を「言語化」するための補助でもある。

欧米名門企業による不祥事と集合近眼，さらに「同類性」

筆者が，集合近眼を着想した当初，1997-1998年の日本金融システムのメルトダウンを事例にしていた。主に，ヨーロッパの哲学・社会思想を系譜し，それを土台にしているが，理論化・概念化自体は，日本の企業・官庁の体質を分析したものであった。したがって，集合近眼の研究に対する欧米での反応は様々であり，時間の経過により変わって行った。本節においては，まず，アメリカ人からの反応を述べ，次にヨーロッパ人からの反応を述べる。

アメリカ

「はじめに」でも述べたが，筆者が集合近眼に関する研究を発表したのは1997年にボストンで開催されたAcademy of Managementの年次大会であった。筆者のセッションのディスカッサントは，イエズス会系の大学で企業倫理を教える教授であったため，企業倫理にカソリックを加えた観点から，筆者の発表に興味を示した。しかし，1999年秋，Journal of Management Studiesに学術論文として発表したものを材料に，アメリカの西海岸にある大学の講演会で話した際，「たぶん，似たような現象は，社会階級が固定化され，エリート層が同じような学校に通っているフランスでもあるだろう。だが，様々な人種・宗教・教育があるアメリカにおいては，集合近眼など起こるわ

けはない」とビジネス書で著名な白人アメリカ人教授にコメントされた。さらに，Academy of Management の 2000 年大会で単著論文を発表した際，当時 Academy of Management Review の審査委員にもなっていたアメリカ人の研究者から，「この（ヨーロッパの）批判理論による研究は何の意味があるのだ。アメリカ経営学では，経営陣にポジティブなことを言えない研究は意味がない」とも言われた。

　皮肉なことに，この論文を Journal of Management Studies に投稿したところ，ほぼ修正なしですぐ採択された。ほどなく，2002 年・2003 年に，エンロン・ショックと呼ばれるアメリカの高学歴・エリートが多く働く大企業群の不祥事が発覚した。映画にさえなっている。

　特に，エンロン・ショックでは，ハーバード大の MBA を持った大手会計事務所アーサー・アンダーセンの幹部等も逮捕され，エンロンの監査委員会にはスタンフォード経営大学院の名誉教授も名を連ねていたことから，「アメリカの経営学大学院では，金儲けのやり方ばかり教えるから，こうなる」とアメリカにおける経営大学院での教育すら疑われるようになった。そして，エンロン・ショック以前は，Academy of Management の「異端」だとみなされていた Critical Management Studies 部門が，「我々が言ってきたことが正しかった」という声明を出した[29]。

　エンロン・ショックの後，全米の経営学を教える大学が加盟している協会の規定として，企業倫理等の授業の履修が必須となった。つまり，倫理というものは，会社・組織へ入って「慣れる」ものではなく，大学・大学院での正規の単位履修として「教育」されるべきものであるという方針を打ち出したのである。さらに，「道徳観」とは，宗教・家庭環境で育まれる個人的なものであるから，個人と市民社会とのあり方としての「倫理」と区別しているのである。これを古代ギリシャ文明以来，ethics と呼ぶ。

　エンロン・ショックから 5 年後，今度は，通称リーマン・ショックが 2008 年に起こり，アメリカの大手投資銀行のリーマン・ブラザーズは破綻

29　この部門では，現実の問題を直視し，それを克服するための経営学研究を目指している。主に，ドイツ語圏哲学のフランクフルト学派ならびにフランス語圏哲学のポスト構造主義・ポストモダニズム等を方法論として用いる傾向にある。

し，ゴールドマン・サックス，マッキンゼー等へも捜査の手が伸びる。実際，インサイダー取引でマッキンゼーから逮捕者を出し，その長年培ってきた信用に傷がついた[30]。求人が少なくなり，高校・大学の新卒は，仕事を見つけるのが困難になった。ハーバード大等の名門経営大学のMBA保持者でさえ，高い給与を払わなければならないからという理由でリストラの憂き目にあう。そして，「ウォール・ストリート占拠」や大手金融機関の重役が多く住む高級マンション群を回り，嫌がらせ行進をする運動が起こった。

　世界的金融街のシティーを持つロンドンでも同じような「ロンドン占拠」が起こった。偶然であるが，筆者はその際，ロンドンに滞在しており，平常時であれば紳士・淑女であるイギリス人が，変貌する姿を目撃した。このような占拠に対し，ある経済学者は，「こういう現象は単なる経済のサイクルだ。いずれアダム・スミスの見えない手が助けてくれる」という反応を示す。では，「見えない手」はどこにあるのであろうか。つまり，1997-1998年の日本金融システムのメルトダウンと同様のことが，英語圏でも数年間サイクルで起こる現象であり，筆者の集合近眼理論を日本特有の病理構造として片づけることはできないのである。

　さらに，興味深いのは，GMによる2014年の不祥事である。集合近眼に陥っていたトヨタの2010年リコール危機の再現そのものであった。まず，イグニッションスイッチの不具合を知りながら，リコールをせず，二けた台の件数の死亡事故が報告された。さらに，シートベルトやトランスミッションの不具合が見つかり，就任したばかりのメアリー・バーラ社長が公聴会に呼ばれ，謝罪した。まるで，2010年当時，公聴会で謝罪した豊田章男氏ならびにトヨタそのものである[31]。

　この事件が興味深いのは，「GMの文化は，通るべき線路から完全に脱線していた。イグニッションの問題は，氷山の一角だ」[32]と告発するGMのエンジニアがいたことである。つまり，GMの組織文化が不祥事の温床になっていた。さらに興味を引くのは，日本の組織を食い物にしているノルムクラ

30　Financial Times（2011b）を参照のこと。
31　トヨタのリコール危機はもちろん，GM，フォルクスワーゲン等の不祥事に関する分析ならびに今後の教訓は，Chikudate & Alpaslan（2018）を参照のこと。
32　CNN Money（2014）を参照のこと。

シーそのものが GM にもあった点である。例えば,「黙っている」というのが GM 社員の規範らしく,彼らの特別な行動パターンにより「流れ」と「回る」の状態を生んでいたようである。まず,会議で反対せず,ただ頭をちょっと下げ,部屋を出るという「GM 流うなずき」がある。さらに,問題に直面した場合,人差し指を上げながら腕組みをし,あなたの責任ではないと暗示する「GM 流敬礼」である[33]。このような規範的行動パターンは,異文化コミュニケーション論,文化人類学の定説にはまったく当てはまらない。定説であれば,アメリカの文化は,ロー・コンテクスト文化であり,なんでも声に出してコミュニケーションするはずである。ところが,GM 内では,会議で反対したい場合は,声をあげ「場を荒げる」ということを絶対にせず,そそくさとその場から出ていく,もしくは腕を組んで「うーん」と唸るか,沈黙するという,「臭いものにふた」をしがちな日本の組織の会議の風景そのものが蔓延していたのである。

さらに,Time 誌は,ノルムクラシーがアメリカ中の大企業に蔓延しているのではないかと警告をしている[34]。組織社会学者であるジャッカル(Jackall 1988, 2010)以外,アメリカの組織行動論,経営管理論の研究では,滅多に出てこない意見である。しかし,これがアメリカの大企業病の「真実」なのかもしれない。

それではなぜ,筆者が 1997-1998 年の日本の金融システム崩壊から着想したはずの集合近眼が,「個人主義」文化のアメリカの産業界で観察できるのかと疑問を持つ読者もいることであろう。答えは,簡単である。ウォール街の大金融機関,ブルーチップ・カンパニーと呼ばれるアメリカの富を動かす名門企業でも,日本と同じ「均質化」した人的資源管理が実践されていたからである。かつてのアメリカ社会での均質化は,WASP,つまり,White・Anglo-Saxon・Protestant の男性が,パワー・エリートとしてアメリカのエスタブリッシュメントを牛耳るという人種・宗教・民族的背景が主な説明要因であった。しかし,それが,主に,「出身校」の「教育」による均質化によるものであるという説が出てきた。これを研究し,著書にしたのがホー

---

33 Foroohar(2014)を参照のこと。
34 Foroohar(2014)を参照のこと。

(Ho 2009) である。彼女自身は，文化人類学者であるが，ウォール街の金融機関で働いたことがあり，その「文化」を緻密に記述したエスノグラフィーを出版した。驚くことは，スタンフォード大学や MIT 卒もいるが，アイビー・リーグ，特に，ある一大学で学部を卒業している人間がウォール街の大手金融機関に多すぎるという現象なのである。彼らは，独特の価値観と行動様式を持っており，均質な人間が再生産されると同時に異なった「志向性」を排除するため，金融破綻に導くのではないかという研究をホーは報告している。

　ホーの著書を読むとウォール街の金融機関はまるで，1997-1998 年の日本の金融システム崩壊に導き，昨今の不祥事を非難される名門日本企業の社長を輩出する大学の「学閥」のようである。日本の名門大卒だけが集められた「紳士の会社」として自己破産した「山一證券」，オーソドックスなバンカーとしてのイメージを持った重役で占められていた「旧第一勧業銀行」等がこれに該当するのであろう[35]。さらに，多数の処罰者を出した旧大蔵省（現財務省），かつての日本銀行もそれに該当するのではないだろうか。

　このような同じような人間だけが集まる現象を社会もしくはコミュニケーション・ネットワーク理論では，homophily，つまり「同類性」と呼び，「類は友を呼ぶ」という人的資源管理が実は個人主義・自由の国，アメリカでもなされているのである[36]。さらに，この「類は友を呼ぶ」という同類性は，本人自身も意識できないレベルで出来上がった「内面的宇宙」のようなものの中にあり，そこから逃れられない。フランスの社会学者のブルデュー (Bourdieu 1979) はこれを habitus と呼んだ。それが明文化されない社会階級の区分，「制度」になっているのである[37]。これが，フランス社会の「硬直化」の要因の一つであるとも述べている。さらに，同類だけで構成されている組織では，異なった見解，価値観が排除されるため，本人たちは，「合理的」な意思決定をしていると錯覚しても，結局，集合近眼に陥りやすい[38]。

35　真神（1997）を参照のこと。
36　学術的には，homophily attraction と呼ぶ。
37　habitus の同じ人間が，お互いに惹き合い，婚姻することにより，その habitus が再生産されるとブルデューは述べている。その結果，社会には distinction という「区別」が生まれる。
38　この状態をなくすため，命題に対し，あえて，反対の命題を作りだす必要があると唱えたのがヘーゲルの「弁証法」である。

その結末が，数年のサイクルで繰り返される「高学歴」エリートによる金融危機という歴史の普遍的現象なのであろう。

筆者が，2016年にアメリカのオレゴン州・ポートランドで開催されたWestern Academy of Management大会で集合近眼理論の進化系を発表した時の反応は，集合近眼理論の普遍化を示唆するものであった。筆者の発表後の質疑で，「昔，自分はFannie Maeでマネジャーをやっていた。周囲はすべて，集合近眼状態だった」という激白をした中年白人男性がおり，会場が静まりかえった。その人は，当時のFannie Maeという組織の異常さを研究し，後世に伝えるべく，テキサス州にある大学院で勉強していた。Fannie Maeとは，2008年のリーマン・ショックを引き起こすことになったアメリカの連邦住宅抵当公庫である。リーマン・ショック以前は，民間金融機関に対する住宅ローン債権の保障業務をして，高い信用力を持っていた。ところが，時期が来ても貸し付けたはずの住宅ローンを返済できない案件が増え，住宅価格が下落し，サブプライムローンが不良債権化したのである。彼に言わせれば，ローンを返せない状態が見えていたのに，ずっと住宅ローン債権を保障し続けたのである。なぜかと言えば，審査でNoを言うと飛ばされるか出世しなくなるという「雰囲気」があり，Noを言わない言動をとることが規範になっていたからだそうだ。したがって，「我々は，ウォール街の人間のようにハイリスク・ハイリターン的なことはやらなかったけれど，集合近眼に罹り，おかしいと言えない文化の中にいた」のだそうだ。この話を聞いた時，まるで，1997-1998年の日本の金融システムメルトダウンの当事者であった旧大蔵省の体質そのものであると筆者は思わざるをえなかった。

2018年11月1日，グーグルの本社ならびに世界中の支社でストライキが起こった[39]。これは，同年10月末にNew York TimesがグーグルのおあののAndroidの開発者がグーグル社内でセクシャルハラスメントをしたにもかかわらず，多額の退職金を払ったという事実に抗議したものである。これは突然の出来事ではないのである。この出来事の4年前の2014年の段階で，集合近眼の病理が，IT業界の覇者であるグーグルにも蔓延していたことをう

---

39 PBS（2014, 2016, 2018）を参照のこと。

かがわせるレポートが公開され，アメリカのメディアでも取り上げられていた。テック系の専門性を尊重・追求するあまり，約5万人の構成員のうち，技術部門では，男女別では80%以上が男性であり，人種別では白人が60%，アジア系が34%を占めていた。そして，男性中心主義の集合近眼が形成されていたのである。つまり，テック系にはテック系の理屈・世界観を成り立たせる生活世界が存在し，人材の同類性によって醸成されていたことになる。こうした集合近眼を誘発する要因となる「同類性」がグーグルでの採用・昇進を含む，人的資源管理での問題点として顕在化されようとしていたのだ。ウォール街の金融機関・日本の官庁とグーグルが根本的に異なるのは，2016年の時点で，集合近眼を「非意識的バイアス」ととらえ，トレーニングを開始しており，集合近眼に「気づき」始めていたことである。さらに，スキャンダルが白日のもとにさらされた時，全世界でのグーグルの構成員が「声を上げる」ことができ，それを容認する集合体であったことが，新しい。

ヨーロッパ

　集合近眼理論のヨーロッパでの受け止め方は，発表当初からアメリカとは異なるものだった。ヨーロッパで開催される学会・研究会で筆者が発表した際，アメリカのプラグマチズム・論理実証主義的な学術的正統性よりも，古代ギリシャの哲学・アカデミズムからの系譜で，集合近眼理論を理解しようとする研究者が大多数だった。また，フーコー・ルックマン・ルーマン等の現代思想・社会理論の大家から直接教えを受けた研究者達もその中に含まれる。Human Relations, Journal of Management Studies, Journal of Business Ethics に掲載された筆者の論文への審査内容も含めると，彼らからの評価は，主に以下の3点に集約される。

1. 日本的経営，特に，生産システムは，優れているという定説があったため，1997–1998年の日本金融システムのメルトダウンがなぜ起こるのかが理解できなかった。しかし，集合近眼理論は，ホワイトカラーが大多数を占める大企業，特に金融業での「弱点」を理論化した。

2. 概念化において，ヨーロッパの思想・理論を系譜しつつも，独自の視点を作り上げた。
3. 現象学を概念化のみならず質的調査法として発展させた。

　さらに，興味深いのは，関係者による説明妥当性への賛同があったことである。筆者は，2011年にトヨタのリコール危機を集合近眼理論で分析した論文をシンガポールで開催された経営学の国際学会で発表した。ドイツ人・イギリス人・フランス人からの質疑応答で盛り上がった後，筆者に駆け寄ってきたドイツ人がいた。そして，「私の父は，フォルクスワーゲンに勤務していて，父が家で愚痴る内容は，あなたの分析と全く同じです」と言うのである。その4年後に，アメリカでフォルクスワーゲンによる「燃費偽装」が告発され，アメリカの同社社長は2010年のトヨタ・リコール問題の時のように，公聴会に呼ばれ，厳しい追及を受けた。罰金刑はもちろんのこと，重役に対し有罪判決も出ている。

　さらに，2018年の初春，フォルクスワーゲンも含めたドイツ車メーカー三社が出資している研究機関で，ディーゼル車から出る排気ガスは安全であると検証するために，サルや人間に排気ガスを吸わせ，健康状態を測定していた問題が発覚した[40]。つまり，集合近眼の病理が浸透し，企業倫理を超え医療倫理の問題にまで発展していたことになる。

　集合近眼理論はイタリアの研究者にもすんなり受け入れられた。筆者が2017年の秋，ドイツのベルリンで開催されたCSRの国際学会で，筆者が日本の自動車産業におけるCSRの問題点を集合近眼理論で分析した際，参加者から拍手喝采だった。また，質疑応答では，イタリア人の研究者から，「集合近眼は，ダイムラーやフィアットでも罹っているため，日本発の概念・理論だが，かなり普遍的なのではないか」というコメントをもらった。

　それでは，なぜ，筆者が作成した系譜図にあるように，人類の知性，特に哲学にこれほどまでに貢献してきたドイツにある大企業でも日本と大差ない不正に手を染めるのだろうか。筆者がドイツの大学で講演を行った後，ドイ

40　他の二社はダイムラーとBMVである。ドイツのメディアで大問題になっているが，日本経済新聞（2018年1月30日夕刊）を参照のこと。

ツ人教授と交わした何気ない会話からそのヒントがうかがえる。「私は，ドイツの防衛大学を卒業した。そこの卒業生は，ドイツの大企業での評判がものすごく高く，もっと卒業生を送り込んで欲しいと言われる。なぜかといえば，ワイクが提唱した loosely-coupling や英米の empowerment はどうでもよく，完全な指揮命令系統の組織が良いと考える経営陣がドイツの大企業に多いのが現実だからだ[41]。その卒業生は，彼らの下で働くことに文句を言わない」と言うのである。つまり，第8章3節で述べるが，「高学歴者」は，命令する前に論理だった説明が常に必要で，経営者・管理職には扱いにくいというわけである[42]。そうであるとすれば，絶対であるはずの Made in Germany の品質管理が失敗に陥った背景には，拡大・利潤至上主義に陥った経営陣が「何としても，右肩上がりにしろ」と命令し，それに歯向かえば，出世の道が途絶えてしまうという体質に陥ったことがあろう。まるで東芝の恐怖政治・「チャレンジ」・「上司の意向に逆らうことができない企業風土」，三菱自動車の「上司の言うことは絶対」のようである[43]。

　さらに，アジア諸国においても，集合近眼の症状が見える。政府や企業はヨーロッパ諸国からの植民地化の「怨念」，「恨み」を巧みに利用し，自国の経済発展こそが「反欧米主義」につながるというアジェンダを巧みに操作するのである。ところが，この「怨念」，「恨み」を利用した経済発展の陰で，過酷な労働条件にあるアジア諸国もある。

　筆者が指導する学生にはインドネシアからの留学生も多く，彼らの話によれば，インドネシアでも日本と同じ「過労死」が社会問題化し始めている。特に，男女を問わず，大卒はすべてマネジャーの職位からスタートするため，彼らの労働状態は，まるで日本のプレーイング・マネジャーか営業マンその

41　loosely-coupling とは，人・部署等のユニットにできるだけ独自性を持たせ，ユニット間の連結作業を緩やかにする経営管理のやり方である。トヨタ等の just-in-time system とは対極にあるやり方でもある。後に，創造性を発揮すべき職場，例えば，IT や研究開発，災害・危機に強い組織のデザインとして発展していく。詳しくは，筆者の日経ビジネスの記事（2011）を参照のこと。この見解は，loosely-coupling に関する論文を Weick と共著で Academy of Management Review に掲載した Orton（Orton & Weick 1990）に確認している。empowerment とは，上司による指揮命令ではなく，部下に意思決定・判断をゆだねることである。

42　実際，ドイツ企業では名前の前に Dr がついたサラリーマンがたくさんいる。

43　東芝第三者委員会（2015），NHK スペシャル「あなたも会社を変えられる」（2001年7月14日）にある三菱自動車工場でのインタビュー。

ものなのである。日本との違いは第3章6節で述べたように，規範化を徹底させるための「ムチ」ではなく，トロフィー・昇給・ボーナスの「飴」を与え続けるのである。この金銭的欲求を満たす飴欲しさに30代で過労死する女性営業課長もいた。「働かざる者食うべからず」という理屈ではなく，十分食えるのにさらに自分にムチを打って働き過ぎ，過労で死ぬという体質が，インドネシアの企業においても見られるのである。

　以上のように，本章においては，「集合近眼とグローバリズム」というテーマについて述べた。従来の国際経営論・異文化経営論・異文化コミュケーション論においては，他文化を理解するという「文化差敏感トレーニング」，現地語の習得が重視される。しかし，日本企業が海外進出し，そこでマネジメントする際に，様々な不都合・不祥事を誘発する。これは集合近眼による影響である。集合近眼により，自分が規範化されていることを自覚できず，それを現地に持ち込んでしまう。しかし，実は，規範化により本社の「常識」を押し付けていることを赴任した本人は理解できていない。また，海外で法令違反・不祥事を起こした日本企業は，日本でも起こしている「不祥事リピーター」な場合もある。

　さらに，集合近眼理論は，企業不祥事を分析・説明する上で，「普遍化」の可能性がある。特に，欧米の名門と呼ばれる金融・自動車産業でも当てはまる。英語版においては，日本と同じ儒教圏にある韓国の「闇」についても述べている。今後，さらに，集合近眼理論の普遍化ならびにその派生を検証していく必要がある。

第7章

集合近眼を認識した後の対処

 不祥事に気づいた場合の反応

　自分が所属する組織で不祥事が発覚すると，おそらく，個人としては次のような反応をするだろう。もちろん，不祥事のタイプ・深刻さ・犯罪性・影響力にもよる。
(1) もう，この組織・業界にはいたくない，いられないので，転職を考える。
(2) 組織の内外のステイクホルダーに何とかできないかと声を上げる。
(3) 同業他社でも同様の不祥事を起こしているので，メディア・世間からの批判もたいしたものではなく，いずれ，正常に戻る。
(4) 自分自身は善人であるし，自分自身・自分の属している部署とは無関係なので，無視する。
　読者の皆さんはどうであろうか。
　不祥事に気づいた時の合理的反応モデルとして，欧米で広く読まれ，研究されているものに，ハーシュマン (Hirschman 1970) が唱えた exit（離脱する），voice（声を上げる），and loyalty（サポートする）という EVL 理論がある。本来の EVL 理論では，「劣悪化していく」組織，政府，自治体に対し，そこに属している人間はどのような合理的な反応をするのだろうかというメカニズムを説明している。そして，組織の不祥事にもこの理論が応用されている。上記の(1)から(3)までがおおよそ，EVL 理論に対応している。その

後，論理的に熟考すると，もう一つの反応である neglect（無視する）が加えられ，EVLN 理論が唱えられた[1]。ところが，この場合のニュアンスは上記の(4)と少々異なり，「どうせ，状況が改善されるわけはないため，あきらめる」という厭世的な意味合いを含む。「E：離脱する」と「V：声を上げる」という反応は，ある程度，「自分の人生をなんとかしよう」と思う「能動的」な反応であり，このタイプの人間が増えることにより，組織変革が起こりやすくなる。これに対し，「L：サポートする」・「N：無視する」という反応は，「受動的」もしくは「消極的」なものであり，「劣悪化していく」組織の変革にはつながらず，いずれ，大事件を引き起こすか，倒産するという事態になるという研究がある。これは，もちろん，欧米での研究である。

　古いデータによれば，日本人サラリーマンには，この「L：サポートする」・「N：無視する」という反応が一番多い。劣悪化している，もしくは，問題がある職場環境では，「目をつぶる・素通りする」反応が合理的であると判断する傾向にあるようである[2]。質問票を用いた計量的な調査であったため，「劣悪化している，もしくは，問題がある職場環境」に法的・道義的・身体的な文脈を入れ，たずねることはできなかったにせよ，予め予想できる回答結果である。つまり，日本企業では人事異動というローテーションがあるため，自分がその部署にいる間，「声」をあげて敵を作るか「和を乱す」よりも，「素通り」するのが得策であると，経済合理性を働かせるのである。

　この経済合理性を働かせた身の処し方が，不祥事を起こした直後，企業のトップが「申し訳ございません。二度と不祥事を起こさないための再発防止策を講じます」と記者会見で頭を下げても，再発防止策が現場に浸透しない理由なのである。このような身の処し方を経済合理化させるメカニズムは，集合近眼の症状の一つである「規範への迎合主義」から派生する。その結果，数年後にまた同じことが繰り返され，最終的に「なんだ，あの会社は」と批判され，危機に陥るのである。

　この EVLN 理論がなぜ興味を引くかと言えば，日本企業の中でも，voice

1　Rusbult, Zembrodt, & Gunn（1982）ならびに Rusbult, Farrell, Rogers, & Mainous（1988）を参照のこと。
2　因子分析を行った結果，loyalty, voice の反応の他 avoidance（目をつぶる）が抽出された。Chikudate（1987）を参照のこと。

（声をあげる）という選択を取ることにより，会社トップの長年にわたる不正が白日の下に晒された不祥事があったからである。2011年のオリンパス事件である。当時のイギリス人社長のマイケル・ウッドフォード氏が，巨額の損失の「飛ばし」を10年以上続けていた会長の菊川剛氏と副社長の森久志氏を問い詰め，逆に解雇され，英語圏の大手メディアに告発したことから大々的に取り上げられるようになる。イギリス・アメリカの機関が，オリンパスの取引を捜査し，東京地方検察庁・警視庁も調査した。2013年に，菊川元会長，森元副社長は，有罪判決を受け，法人であるオリンパスには7億円の罰金が課せられた。

　この事件には，不祥事に遭遇した時の日本人の反応である「目をつぶる・素通りする」ことが，まかり通らない時代になったという教訓がある。当時の菊川会長にしてみれば，ウッドフォード氏の忠誠心をイエスマンと勘違いしてイギリス人である彼を社長にしたことがそもそも間違いだったと考えるだろう。ところが，イギリス人社長の忠誠心とは，自分を社長に「してくれた」会長個人にあるものではなく，医療機器等で世界最先端の技術を持ち，企業市民として倫理的・社会的責任を果たす「立派な」オリンパスに対してである。企業倫理・CSRの観点で言えば，正論である。社長というのは，株主から運営資金を預かり，利潤の最大化からくる高額配当への変換という義務を負う単なる「代理人」である。これはノーベル経済学賞を受賞したミルトン・フリードマン（Friedman, M. 1970）が述べている。

　この株主中心主義の企業倫理もしくはCSRの理屈から言えば，このイギリス人社長が忠誠を尽くすべき対象は，もちろん株主ということになる。この理屈では，「飛ばし」を知りながら黙認したと認定されれば，株主代表訴訟を起こされた時，社長であった自分自身に巨額の賠償が来ると考えたのかもしれない。もし，彼がキリスト教徒である場合，最も大切なことは，「神との個人的契約」であり，キリスト教的教義・価値観に反する行為を行うことは，「罪」になり，死後，裁きにあうと考えるかもしれない。ここで言う，キリスト教的な価値観とは，「正直」であろう。さらに，日本には，反社会的勢力が存在するため，即座にイギリスに戻り，英語のメディアに告発し，保護してもらわなければ，自分の身が危ないとも考えたらしい。もし，社長

がイギリス人でなければ，この「告発」が行われていただろうか。社会ではなく「世間」・「集合体」を重んじて，「嘘も方便」・「長いものに巻かれろ」とする日本人とは異なる道徳観と生き方かもしれない。

　オリンパスでは，さらに，社内に「内部告発」という制度があるにせよ，「内部告発」をした人間が，その後，不遇な扱いを受けたため法廷で争いも起きている[3]。このように「組織内正義」が危ぶまれる状況においては，「組織内告発」というvoiceの手段を取れなくとも，せめて，「自分が組織不祥事の『行為者』にならないようにするにはどうすべきか」，「自分を組織不祥事から守るにはどうしたよいのか」という問いかけを忘れないことだ。さらに，上司・先輩からの「泥水もすすらなければ，上に立てない」という悪魔のささやきに耳を貸さないことだ。

　「あとは，会社・組織で面倒を見るから大丈夫」と罪を背負わされる場合がある。しかし，自分が罪人になった途端，会社は告発し，家族の面倒を見ないどころか，家族は犯罪者の子供，妻として，虐めに遭い，一生日陰者で生きる可能性が高い。つまり，会社・組織という「藩」もしくは大名組織に忠誠心を尽くした侍とは見なされず，同じ組織に後に残った人間達の「自己保身」のための捨て駒となるだけである。捨て駒になった人間の末路は，収監された場合，過酷である。筆者は，国の仕事で，刑務所を訪れたことがある。「塀の中」の「匂い」と生活は，筆舌に尽くしがたいものがあった。収監前は，いくら，億万長者・為政者であっても，数ヶ月の「塀の中」は耐え難く，その体験は，その後の人生に暗い影響しか及ぼさないであろう。ところが，犯罪者にさえならなければ，降格・左遷・退社により生活水準が落ちたとしても，「塀の中」の暮らしを体験することなく，家族の身の安全は確保できる。

　これは，現実の不祥事からの教訓である。2017年に発覚した通称「森友問題」では，財務省の捨て駒になった近畿財務局の50代の男性職員が2018年3月7日に自殺している。上からの指示で「書き換えをさせられた」という趣旨のメモを残している[4]。1997-1998年の日本金融システムのメルトダ

3　浜田（2012）を参照のこと。

ウン時に旧大蔵省から自殺者が出たが,あれから20年たっても,旧大蔵省の「集合近眼」が温存されていた。

医学的発想から

　自分の身を守るために何よりも大切なことは,自分自身もしくは自分が所属する組織が集合近眼に罹っていると認識し,その現実を受け止めることである。何度も言うが,集合近眼は,組織・集合体の病理である。つまり,集合近眼を「治癒」するためには医学的な発想を持つことが大切だ。自分の身体が「おかしい」・「正常ではない」と認識ができて初めて,治療が始まる。ところが,「どこもおかしくない」・「正常だ」と思い込んでいれば,治療は始まらず,悪化・伝染していくだけである。なぜ悪化・伝染するのかというと,自分自身が集合近眼の被害者になるばかりでなく,いつしか,増幅・感染拡大装置という役割を担う状態になるのが集合近眼であるからである。

　さらに,集合近眼で言うところの集合とは,その組織・部署・グループに特化した集団主義（collectivism）・凝集性（cohesiveness）ではなく,均質化によって形成・維持・継続されるものである。この均質化は,その組織を取り巻く社会・文化・制度等が土台になっているため,模倣的同型化によりお互いが均質化し合うのである。したがって,他の会社・組織を見ても,「似たようなもの」ということで,「異常さ」に気づかないのである。これが,「横並び意識」である[5]。この状態が定着すると,一社の不祥事発覚が引き金になり,同業他社,系列全体で連鎖のように不祥事が発覚してしまうのである。そして,システム全体がメルトダウンしてしまう。これが,1997-1998年の日本金融システムメルトダウンの真実ではなかろうか。その当事者達は,ほぼ全員,日本の名門大卒でエリートのラベルを貼られていた。「組織のため」ではなく,組織に傅く自己保身のため,組織の「虚構」を作り出そうと

4　日本経済新聞（2018年3月16日朝刊）を参照のこと。
5　新制度論（Powell & DiMaggio, 1991）の分析を取り入れた Chikudate（1999a）を参照のこと。第5章3節においても模倣的同型化について述べている。

躍起になっていた。彼らには倫理観の欠片もなく，バブルという外的要因のせいにしていた。そして「失われた20年」に突入していった。

2010年のトヨタ・リコール事件以来，2011年には東京電力による福島第一原発事故という悲しすぎる企業不祥事が起こり，その後も「優良日本企業」による不祥事・犯罪が続いている。この状態を何とかしたいと思うのであれば，日本という制度の中で，常に「出る杭」・「尖った存在」である必要はないが，均質化し合わないことである。また，均質化を「協調性」として定義しないことだ。

最後に，本書で述べる集合近眼の状態を認識することの最大の利点は，「自分が悪いのではなく，職場そして組織が集合近眼に罹っているから」という思考に切り替えられるようになることである。外部から見れば，おかしすぎる労働条件，経営管理，文化であるはずなのに，過労死で亡くなる人，不祥事に巻き込まれる人は，「それがここでの定めであり，そこについていけない自分が悪い，力量不足だ」という自己暗示をかけてしまう傾向にある。

特に，日本で高学歴といわれる人が過労死する要因として，暗記型の試験で得点する「確実性」に慣れてしまい，本人がいかに努力しても，不確実性をコントロールできない「状況」に対応することが苦手なのではないかと推察する。であるとするならば，本人がいくら「正論を言い」，努力しても報われず，疲弊していくだけと認識を切り替えるべきなのである。つまり，自分が悪いのではなく，状況のせいにするのも防衛策だ。この認識の切り替えにより，新しい「現実」を構築できるようになる。年齢が若ければ若いほど，集合近眼の餌食にならず，別の将来像に向かって歩むことが楽になるのである。この認識の切り替えにより，新しい「現実」を構築し，別の将来像に向かって歩むことをバーガーとルックマン（Berger & Luckmann 1966）は「交替」（alternation）[6] と呼んだ。さらに，本来の「キャリア」という概念に戻り，常に転職・独立を考え，準備をしておくのも手であろう。さらに，集合近眼の状態を認識できた後は，独りで思考を堂々巡りさせることで疲弊せず，守秘義務の絶対遵守よりも，組織の外で「打ち明けられる」互助システムの構

---

6 昨今のMe Too運動もこの理論を反映したものである。

築が必要なのかもしれない。なぜかと言えば，古い現実を言語化できた後に，新しい現実を作る上で，新しい「会話の相手」を作る必要があるからだ。この相手は，交替の上で，重要な人物であり，significant others（重要な他人）と呼ぶ[7]。

7　Berger & Luckmann（1966）を参照のこと。

第8章
次世代・人類共通知へのナラティブと学習可能性

 吏道・企業戦士論からの脱却

　本書をここまで読んだ読者には，すべてが否定的な口調で書かれ，日本という国に生まれ，教育され，日本の組織で働いてしまったら，いつか体質の餌食になる，もしくは，不祥事に巻き込まれるというストーリーが作られているという感想を持つかもしれない。しかし，記述統計的に言えば，不祥事で非難される日本の組織は，日本全体の組織の中で一握りである。つまり，程度の差こそあれ，日本にある多くの組織は「まとも」である。
　ところが，業界を特定し，不祥事が発覚した組織が占める割合に加え，リピーターの歴史を見てみると，不祥事が発覚していない組織の方が珍しいという業界がある。さらに，その業界というのが，給与が高く，金銭的な満足が高い場合もある。不正を隠蔽することは，組織内で「守秘義務」を遵守しているとみなされ，昇進し，取締役になっていくということがまかり通っている業界なのだろう。
　また，その業界全体の「生き残り」のためにやらざるをえないと判断するのだろう。逮捕されても，私有財産は没収されず，書類送検，執行猶予付きの判決で済み収監されないとなると，本人は「経済合理性」を働かせるのであろう。つまり，遵法意識を自ら「捨てる」か，規範化により捨てさせられるのである。しかしながら，60歳過ぎの取締役・局長以上になりながらも，警察に逮捕されるか，国会で追及を受ける姿を日本中に晒され，半永久的に

131

不名誉な姿の映像と「名前」が記録されるのは，なんとも言えない。

　さらに，「日本的基準」で高学歴・エリートとされ，自らは「優秀」かつ日本における特権階級にいると錯覚している人たちが，1日もしくは数時間で，地獄を体験することになる。一度不祥事の当事者になってしまうと，自分自身が権限・権力を握っていたはずの組織から，逆に，「背任者」・「悪者」として処罰の対象になる。かつては「人の噂も75日」と言われ，集合的記憶が消し去られることが可能であった。ところが，webという人類の半永久的な記録装置ができてしまった以上，晒し者になってしまった人の過去は消えることはない。一度不祥事の当事者になってしまうと，それを，「負の遺産」として延々と引きずることになるのである。「恥」という文化にある日本人の場合，耐えられなくなり，不祥事の当時者ならび家族になった場合，自殺者も後を絶たない。情報がweb化することにより，日本の組織の不祥事ネタは，またたくまに，「英語」になり，世界中を駆け巡る。日本語サイトでは，意図的に消去され，「そのうち，忘れ去られる」と思っていても，それは，日本人だけの錯覚であり，英語では半永久的に残る。

　電通，NHK等での過労死が明るみになり，第三次安倍政権で，ようやく「働き方・働かせ方改革」という日本的人事・人的資源管理のあり方が政治的課題としても大きく取り上げられ始めた。しかしながら，こうした取り組みを政府主導によるトップダウンで行っても，日本的組織，特に，働き方・働かせ方の「型」を長年継承してきた「体質」を直さない限り，好ましい結果にならないと筆者は推察する。その型となるのは，日本社会のピラミッド構造を作る霞が関・財閥系企業，大量生産・大量販売で拡大に躍起になるメガものづくり企業等，さらに「大工場」の発想とシステムを導入したサービス産業である。この日本「型」は，専門性を問わない新卒一括採用，OJT，人事異動を繰り返し，昇格・昇給していくというノルムクラシーで動く。この日本「型」が存続する限り，公務員組織での「吏道」，民間企業での「根性・ガッツ論」・「企業戦士論」は続く。そして，不祥事と過労死は繰り返される。さらに，グローバル化した市場では，優秀な人材の確保と活用ができず，結局，「集合体」としての日本企業は弱体化し，淘汰されていくだろう。良くて，海外企業に買収され，技術を吐き出させられた後，捨てられるか，

今以上に過酷な労働条件・賃金で働く運命が待っているかもしれない。もしくは，それでも生かされるだけましと思うのかもしれない。

何度も述べたが，本書でいう体質とは風土でも文化でもない。文化に近いが，間主観性で構成・維持される生活世界に，行動に対する集合的期待という規範が仲介・制御することで「普通」を規定するノルムクラシーの特性である。ノルムクラシーでは，機能主義・違法よりも，個々の行動が連動することで生成される「流れ」・「回る」にばかり関心が行くようになる。

さらに，採用・昇格のメカニズムは，自己保身・肯定の理屈から派生する均質化を維持するための規範化によって構成される。この均質化を維持するための規範化によって，価値観・能力・家族背景のみならず，道徳観・倫理観も含めた同様な志向性を持った人間が再生成される。再生成されるため，「体質」は変わりにくいのである。その中でもいずれ，不祥事の発覚・過労死という末期症状の温床になるのが「集合近眼」である。

教育の場で「語る」可能性

希望もある。筆者が提唱する集合近眼理論で使ったドイツ語圏の概念をきちんと理解しているかを確かめるべく，ドイツ語圏の大学を訪れた時である。企業倫理で名声がある研究者に，「我々は，企業倫理を研究し，教えているが，何の役に立つのだろう」という質問をした。それに対し，「いや，今，実際悪いことをして捕まっている人は，40代以上がほとんどだ。若い学生に教育すれば，変わるかもしれない」と言われた。

前述のように，道徳と倫理の違いであり，倫理は学校で教育すべきものなのである。つまり，倫理観の新陳代謝が起こる可能性がある。実際，筆者の経験上，これから社会人になる大学生・大学院生には，本書で述べられている内容・歴史的事実が「新鮮」に思えるのだ。実際，「こうすれば儲かる」・「こうすれば良くなる」・「日本の優良企業では」という教育をしがちな授業・研修等では，本書で筆者が述べているような内容・歴史的事実が「語られる」ことが少ないのではなかろうか。

ところが，「語る」ことにより，常に意識に上らないにしても，社会人になってから「記憶」のどこかに残るはずである。そして，その「記憶」から自らの職場の「実践」を別の知覚で「認識」できるようになるかもしれない。なぜ，体質による不祥事が継続するのか，過労死するまで働かされるかと言えば，「上層部，今の自分がやっていることが集合近眼の状態であり，悪いことだ」という認識がないからである。
　ここでいう悪いこととは，「法的に」，「倫理的に」，「道義的に」はもちろんのこと，「自分の心身に対して」という意味である。つまり，旧日本軍流の組織マネジメントでは，「体力・体」による自己犠牲が美徳とされたため，その流れを組む今日の日本的組織では，どんなに疲れていても，目標を達成できない人間は，組織のためにならないという暗黙の了解が出来上がっている。
　1980年代に作られたアメリカ映画の Gung Ho には，コメディーとして誇張された日本の自動車メーカーの研修が冒頭に出てくる。中高年社員が秋葉原の土手沿いをランニングさせられ，駅前で大声の挨拶を強いられる。板張りの剣道場のような研修所に戻ると，鬼教官から「声が出ていない」と怒鳴られ，竹刀でたたかれる。そして，「私は，もうパスし，この研修から出られるでしょうか」と中年社員が教官の足に涙ながらにすがる。そして，「お前はダメだ」と蹴りを入れられる。
　大学生の読者は，信じがたいと思うことだろう。ところが，2018年の時点でもさらに過酷な研修が現実にあるのである。第4章1節を読んでもらいたい。「過労死寸前まで，働くことができなければ，我が社では使いものにならない」という戒めがある企業があることがわかるだろう。もし，このような企業に就職・転職したくなければ，その企業の「負の歴史」ならびに研修内容を徹底的に調べるべきである。ただし，OB・OG訪問をしたところで「真実」を語ってはくれないであろう。この企業の「負の歴史」調査は，「就職活動」という，将来につながる重要な取り組みの一つになるだろう。

第 8 章　次世代・人類共通知へのナラティブと学習可能性

「議論しながら思考できない」日本語を どう乗り越えるか

　もし，社会人・組織人になる前に，集合近眼・体質の餌食という組織の病理構造を予め学習していれば，どのようなことが期待できるだろうか。普通では意識にのぼらない「流れ」の中で，「いや，待てよ，あれは，集合近眼の兆候なのでは」という「点」を打つことが可能になる。つまり，この言動の連鎖で形成・維持される「流れ」を意識に戻すことが可能になるのである。これを，哲学の用語では reflexivity（反省性）と呼ぶ。

　反省性を認識のレベルで「点」を打つばかりでなく，「行為」として実践で有効にすることも理論的には可能である。意識に点を打てたら，すぐ，「発話」することで，完全に当事者達の意識に戻すことを可能にする「実践的な質問・言説」をハーバーマス（Habermas 1981）は，提唱している。さらに，この実践的な質問・言説を妨害しない「理想的なコミュニケーション空間」を作るべきだと提唱している。

　しかしながら，ヨーロッパの研究者達と議論していると，彼ら自身も気づかない大前提がハーバーマスの実践的な質問・言説の背景にあることに気づくのである。それは彼らの言語，ローマン・アルファベットを用いる「表音文字」の言語で，すべての知的活動が成り立つということである。つまり，相手が話す音を聞く，または，スペルを声に出して読むだけで意味がわかる言語を彼らが用いていることである。よく，ヨーロッパ人が「話しながら考える」と言う。つまり，話し言葉，意識，脳の処理活動がシンクロナイズする「言語化」が可能になるのである[1]。ここでは，「話し手中心主義」になるのである。この話しながら考えるというのが，古代ギリシャからダイアログを通じ知的活動が育まれる方法である。プラトンが用いた言葉である。ダイアログとは，dia「通じて」と log「知性」が掛け合った言葉である。さらに，dia は，di という「二つ」と同義に使われる。ルネサンス期のイタリアの画

---

1 「はじめに」で述べた「言語化」はここから由来する。

家ラファエロが描いた「アテナイの学堂」つまり Akadēmía には，中心にプラトンとアリストテレスがいる。そしてピタゴラス等の自然科学者もいる。さらに，ソクラテスが他人と「議論」しているのである。このソクラテスが実践しているのがまさにダイアログなのである。ちなみに，アカデミズムの語源であるアカデミアは，プラトンが作った学校である。古代ギリシャ語がラテン語化しても，ローマ人が古代ギリシャ文明を尊敬したため，このアカデミズムの伝統・精神は今日まで欧米の大学・学界で継承されたのである。

ところが，日本語の場合，古来，我々日本人が話していた言葉に，漢字という表意文字が伝播したため，「音読み（中国語読み）」・「訓読み」という二通りの発音になり，正確な意味をとらえながら知的活動を行うためには，常に書く「文」が必要になってくるのである[2]。したがって，漢字仮名交じり文で構成される日本語の場合，禅問答のようなものがあるにしても，自分が相手と「話しながら考える」ということが難しいのである。考えるとは，脳で意味を理解すると同時，論理を「処理」することである。日本語では，このプロセスに時間がかかるため，「人の話をよく聞きなさい」という「聞き手中心主義」さらに「読み手中心主義」の言語教育がなされる。昨今の国語教育・入試では多少変化があるにせよ，「行間を読む」だとか「読書感想文」という読み手中心主義となり，自分の「考えたこと」を他人に論理的に説明するという「書き手中心主義」にはなり難いのである。

さらに読書感想文の書き方では，「批判的・分析的に読み・書く」ということがあまり教えられず，情感に訴えるような結論づけに高い評価が与えられる。したがって，ハーバーマスの方法論には，異なった言語による脳・知的活動においても成り立つはずの大前提が必要になり[3]，日本人にとって，どこまで実践できるのかが，今後の課題になるであろう。

しかし，ハーバーマスのようなディスコースによる方法論以外にも反省性を実践するやり方はある[4]。ノルムクラシーを動かす動脈となる「流れ」・「回る」が止まる，滞る瞬間を察知することで，「はっと」させられ，自らの「行動」をすぐ修正でき，最悪の事態を回避できるのである。また，「流れ」

---

[2] 文によって民を支配することを「文治主義」と呼ぶ。さらに，漢字は暗記でしか習得できず，反復使用していなければ，すぐ「忘れ」書けなくなる。

・「回る」を支障のない程度に，意図的に止めるのである。組織の体質の病理である集合近眼から脱却するために筆者が開発し，提唱した方法論は，「組織の常識，社会の非常識」を認識させ，この「流れ」・「回る」で維持される「ハムスターの輪」を一瞬止めるか，緩めることで反省性を促すものである。つまり，あの場では「なんとなくやっていた」，「やらざるをえなかった」という過去の実践もしくは現在進行形の実践を「意識」・「能動」的な思考の対象にすることである。

具体的な言動は，それぞれの文脈つまり生活世界で，多様であるかもしれない。しかし，筆者の組織診断法により，具体的に言動のパターンを表出化し，言語化することで，「そういえば，ある」と当事者の認識を促すことが可能なのである。筆者が，実際に行った日本企業での組織診断は，各企業のコンテクストを反映させている。その結果，依頼者は，「そういえば，ある」という反応以上に「あー，それそれ，だから……なんだ」という反応になり，自分たちの意志で，自分たちの行動へ反映させることが可能になるのである。つまり，オーダーメイド医療のように，各組織の「体質」をできるだけ適切に診断できるようにし，その特性を「活かしながら，治す」アドバイスを可能にした[5]。本書の第3章で論じた内容は，自らもしくは自分たちの「実践知」として「半意識的」・「受動的」にやってきた「行動」を意識に戻すためのガイドラインのようなものである。これを，「実践診断するための理論」と呼ぶ[6]。

さらに，筆者の調査によれば，ある日本の製薬会社が，バイオ・生命科学

---

3 この違いは，日本人の英語力がグローバルに通用しないことにも影響する。一生懸命勉強し，定期試験・大学入学試験で，満点が取れたとしても，「聞けない」・「話せない」ことは昔から言われており，その改革が幾度となく提唱されてきた。ところが，実は，「読み」・「書き」も相当危うい。日本の英語教育における「読める」は，暗号解読と日本語の美文に変換する能力であり，「書ける」は，短文日本語を英訳させる能力でしかない。これは，英語が表音文字であることを無視し，表意文字の漢字の読み書きを習得させるがごとく，英語を教えるからである。英語が母国語である国では，発音・スペリングをシンクロナイズするphonicsが主流であり，さらに，「音」に意味があることを習得していく。ここでは，「漢字の書き取り」のように，英単語の暗記学習を強いる必要はない。イレギュラーはあるにしても，古代ギリシャ語・ラテン語をルーツに持つ他の言語の習得でも似たようなものである。結果として，これらの言語を用いた場合，話しながら「音のやりとり」によってお互いに意味が分かり合えることが可能なのである。
4 Habermas（1981）を参照のこと。
5 この点が，Argyris & Schön（1996）の組織学習と異なる点である。また，調査・診断を依頼した企業に対し守秘義務を負っているため，具体的には結果を報告することはできない。

業界において，欧米の最先端の研究所を吸収・合併することにより，反省性が生まれ，R&D型の企業に「急に」進化したというケースもあった。そこでは，旧来の徒弟性，学閥で形成され，「文系」上司が人事異動で廻って来ることがある日本企業の研究室の「常識」が，カルチャー・ショックで崩されていた[7]。fintechの重要性が叫ばれ始めた日本の金融業界でも，欧米の最新の頭脳集団を移植することで，その「常識」が崩れるかもしれない。

さらに，「だから，どうなんだ」ではなく，「今，こうすれば，将来のとんでもない事態を回避できる」という「未来志向的」かつ意図的な「行為」への変換を促すことも可能なのである。たとえば，2017年暮れの，JR西日本での新幹線のぞみ台車亀裂事件では，世間的にはバッシングを受けても，JR西日本はもとより，JR各社の人間が，新幹線という文明の利器が「凶器」に変貌しないよう「冷たい水で顔を洗う」きっかけになったのではないだろうか。さらに，現場の人間，研究開発・技術者が「将来の惨事」を回避すべくなんらかの「行為」に真剣に取り組むことを切望するのみだ。

学習できる「ネオ・タイプ」の増殖

このような実践診断理論から反省性を促す方法論の有効可能性は事後に起こる場合もある。前述のように，筆者が国際学会で発表した際，Fannie Maeに勤務していた経験があるアメリカ人が反応したように，「言われてみて，ハッと気が付く」というものである。これは，筆者の集合近眼理論に関する発表を聞き，彼の中で「交替」が発動し，過去の出来事に異なった解釈を与え[8]，さらにそれを「集合近眼」という言語化ができたからである。

また，彼によれば，筆者の発表を聞いた後，「大学でもどこでいいから，集合近眼ということを予め知っていれば，声をあげる人間がいて，総崩れし

---

6 Habermas理論は，抽象度が高く，理念的であると言われるが，実践診断のための理論であるという説もある。筆者が開発した方法は，生活世界を「見える化」・「ビジュアル化」するべく，Chikudate（2000）の現象学的調査法に計量的手法を加え，より具体的にコンテクストを抽出できるものである。

7 Chikudate（1999b）を参照のこと。

8 Berger & Luckmann（1966）を参照のこと。

なかったかもしれない」というのである。つまり，「なんとなくおかしい」とわかっていても，それを意識に上げ，言語化できるまでの材料がなかったというわけである。もし，そうであるとするなら，規範化の餌食になりやすい社会人・組織人になる前の若い世代の人間にオルタナティブな現実を構築する教育をすれば，半意識の流れに「点」打ちができる「ネオ・タイプ」が増える可能性はある。

このネオ・タイプ創出の可能性は，筆者の大学での教育ならびに企業・公的機関からの依頼による講演・研修会・勉強会という「限定された」経験から発想したものである。常勤・非常勤も含めると，現在在籍している国立大学法人の広島大学をはじめ，首都圏・中部圏の国立大学・私立大学の学部・大学院数校で筆者は教鞭をとった。アメリカの大学で教えた経験もあり，2018年現在，外国人学生が多数の授業・学位論文指導においては，100％英語「で」教えている。

英語圏・準英語圏からの留学生は，「チクダテ・センセイ，私の国にも沢山日本企業が進出しているのですが，大丈夫でしょうか」という素朴な質問をする。日本人の学部生からは，就職氷河期であれば，無視するか，「何，寝ぼけたことを言っている。とにかく，どこでも良いから優良日本企業に就職してしまえばなんとかなる。自分の親兄弟がそうだったから。こっちは，今就活で必死だ」という意見を授業評価に書かれることもあった。ところが，就職が「売り手」市場になり，テレビ・ニュースでの大企業の重役・霞が関の官僚による謝罪劇が頭に刷り込まれた世代になると，まったく異なる反応になる。筆者のナラティブ（語り）に真剣に耳を傾けるばかりでなく，「先生，私が内定をもらった会社，大丈夫でしょうか」，「私はどのようにキャリアを形成していけばよいのでしょうか」と質問してくる学生もいる。

このような意識・行動の変化は，就職市場の変化によるものだけなのであろうか。それとも，それなりに学生自身が「学習」し，ネオ・タイプとして「進化」している結果なのであろうか。興味深いのは，彼らは組織で年長者から軽く見られがちな「ゆとり世代」なのである。つまり，中国の科挙・儒教の影響から来る「博識」を学力と定義され，暗記・詰め込み型での教育をされた世代と違い，別の視点から物事を見る，考えようという世代なのかも

しれない。また，良い意味でもデジタル・ネイティブの走りの世代なのである。さらに，大学院に入った学生達も筆者のもとで勉学に取り組んでいる。本書では，これまで筆者が取り組んできたナラティブが他大学・大学院の学生諸君にも伝わるものがあると信じている。

　日本人には「水に流す」という過去のいきさつをいっさいなかったことにしようという思考パターンがある。神道の禊（みそぎ）に由来するという説がある。さらに，それ以前は，敵対していたとしても，自然災害により，「互助」しなければ，お互いに滅びてしまうため，これまでのわだかまりをなしにしようという日本列島に住み着いた先人たちのサバイバルの知恵なのだろう。また，戦国時代に「昨日の敵が，明日の味方になる」というように，状況が変わることにより，敵味方をくるくる入れ替えながら，生き延びた「合理的思考」かもしれない。しかしながら，それが限られた範囲の人間関係で怨恨を生まないという良い方向にも働くが，人間の集合体である組織の失敗を正面から学ぼうとしないという傾向にもつながるのではないだろうか。そして，この失敗から学ぼうとしないという日本人の傾向が，組織に不祥事を数年サイクルで繰り返させるのではないかと筆者は問題意識を抱えるようになった。

　この失敗から学ぼうとしないという傾向は，実は，アメリカの経営学にもある。目的を成し遂げるための知識・技能を研究・教育するのが経営学の「本筋」であり，状況を批判的に見るべきではないというのが暗黙の了解になっていた。なぜこのような本筋論ができているかと言えば，経営という単語を英訳するとmanagementとなるが，「なんとかする」という別のニュアンスがあるmanageという動詞が母体になっているからである。つまり，問題が起こってから，それを「なんとかする」ことを追求すべきであると考えるのである。これは，ヨーロッパから船に乗り移民となり，苦労しながら開拓してきたという歴史とともに，アメリカ発祥の哲学であるプラグマチズムの考え方に大きく影響を受けている[9]。さらに，目的を成し遂げるために何とかできた要因を特定し，それを計量的に検証するという論理実証主義のみが正統な方法論であるとも考える[10]。ところが，この「なんとかする」が行

9　「学術的背景・系譜」の3.1.からを参照のこと。

が大切だ。さらに，現場の人間，さらに研究開発・技術者が「将来の惨事」を回避すべくなんらかの「行為」に真剣に取り組むことを切望するのみだ。「自分たちには関係ない」という意思決定，行動とは異なる思考パターンを身に着ける必要があり，それによって，「将来の自ら犯す失敗を防止し，救われる」場合があるのである。

　筆者が2018年の時点で教鞭をとっている広島大学には，「放射線災害復興を推進するフェニックスリーダー育成プログラム」という平成23年度に文部科学省から認定された「博士課程教育リーディングプログラム」があり，そこのプロジェクトが功を奏している。筆者もこのプログラム教授の一人である。そこには，1986年に起こったチェルブイリ事故の長期的な影響を研究している外国人の専門家達がおり，事故を参考にした彼らの「語り」により福島の復興に尽力している。この海外のケースを題材にしたものであっても「前例の語り」があったおかげで，パニック・絶望に陥らないで済んだ福島の集落が存在するのである。つまり，「前例の語り」は，「文化」を超えたレベルでも有効であり，それによって救われる後世の人たちが存在するのである。

　この文化を超えた語りにより，他の失敗から学ぶことを「越文化的学習」と呼ぶ[15]。さらに，「越文化的学習」を経営組織論の研究に取り入れた場合，不祥事を起こした企業・組織の失敗を正確に記録・分析し，コンテクスト，文化，時代，言語が異なっても理解できるような「語り」の材料を作り，提供する必要があるのである。これがなければ，民間伝承，よくて，研修での「ヨタ話」で終始し，大学・大学院での正規の「教育」(education) として広がってはいかない。文化・時代を超え，「別の国・文化の組織による失敗・不祥事から学ぶ」，さらに，その逆として日本の組織の失敗を他の文化・次の世代に伝えるという学習サイクルが「世代・文化を超えたナラティブ・語り」である。本書に先立つ筆者のこれまでの英語による出版活動は，「越文化的学習」を促進するためのものであった。

　また，語学力があり，海外経験がある日本人は，日本，日本企業，日本的

15　英語では transcultural learning となる。

き過ぎると,「数字を上げるために,不正操作する」や「化膿し
でも,消毒もせず絆創膏を貼って済ます」という行動パターンに
なる。当然,この「裏仕事」・「不適切な応急処置」は不祥事の特
てあげられることはなく,無視される。ところが,この行動パタ
り積もって,2002-2003年のエンロン・アンダーセン・ショック,
リーマン・ショックを繰り返すのである。特に,リーマン・ショッ
起こしたウォール街の金融業の負債・債権の「証券化」[11]という手
に「裏仕事」・「不適切な応急処置」である。日本にも,企業の損
「なんとか」するため「飛ばし」[12]という手法を使い,顧客からの要
「なんとか」するというのがサービス,コンサルティング業務であ
ない有罪判決を受けた人間すらいた。オリンパス事件である。

　ところが,この問題が起こってからなんとか解決するという問題解
発想では,解決できない問題により,かつて優良とされてきた企業が
を起こす場合が多々ある。また,間違った問題解決をしてしまう[13]。
表的な例は,2011年3月,東京電力による福島第一原発事故である
事故から数年経過し,「工程表」なるものがあるにせよ,問題は解決
いない。さらに,あの事故の前に前例が存在していた。Nature等の学
も,「あの事故は,チェルノブイリの再現であり,なぜ,頭が良いは
本人が,人類史に残る組織事故から学ばなかったのか」と批判されて
東京電力の当事者はもちろんのこと原子力村にいた人たちは,「自分た
は関係ない」と思っていたのかもしれない。

　つまり,問題点を外部から突き付けられた時,「だから,どうなんだ
はなく,「今,こうすれば,将来のとんでもないことを回避できる」と
「未来志向的」かつ意図的な「行為」への変換を促す第一歩を踏み出す

10　英語では logical positivism であり,その源流は,1900年あたりのドイツ語圏・英語圏
　　学思想がある程度統一され,科学のルールが出来上がったものである。これを Kuhn (1970
　　normal science と呼んだ。さらに,アメリカには received-view という絶対の客観性・論理
　　追い求めるべきだという科学主義があり,それが,論理実証主義と合流した。
11　英語では,securitization と呼ぶ。Tett (2015) に詳述されている。
12　第1章2節の「財テク,不正会計処理,Japan Inc. に対する海外からの不信の目：20
　　2015年」に記述している。
13　Alpaslan & Mitroff (2011) を参照のこと。
14　例えば,Pidgeon (2011) を参照のこと。

組織について，言語化し，「正確に」海外に向けて語る必要がある。確かに，第二次世界大戦後の経済復興，バブル景気までは，西洋先進国へのコンプレックスから来る，追いつけ，追い越せを達成するべく，「日本人優秀説」を暗黙の了解とし，我々日本人は，額に汗水しながら頑張ってきた。そうでなければ，戦争で負け，「堪え難きを堪え，忍び難きを忍び」の玉音放送を聞いた後，「虚脱感」・「喪失感」を引きずり，希望を失い，将来のために「がんばる」と考えることもできなかったであろう。

　そのような歴史的流れでは，海外に対しては，がんばる日本人の優秀さ，日本のよさを取り上げ，アピールすることだけが，意図せずとも「国家的アジェンダ」になっていたのではなかろうか。かつて経済先進国で作られたG7という会議の場で，欧米人の首相・大臣に交じり，一人だけ肌の色が異なる日本の首相は，「例外」だったからである。このような場では，日本人は，常に「背伸び」した姿を見せる必要があった。

　ところが，バブル景気が崩壊し，1997-1998年の日本金融システムのメルトダウン，2011年の東京電力の福島第一原発事故等の日本的組織・経営による不祥事が起こってしまうと，日本の良いところを海外に伝えるということだけでは，「正札に間違いがあった」と信用がなくなるのである。

　かつて，品質の Made in Japan で売ってきたはずが，2009-2010年のトヨタによる世界的なリコール事件から始まり，2017-2018年の自動車メーカー，素材メーカー，そして新幹線を作っている川崎重工等による不正，不良品の垂れ流しにつながりつつある。海外の人間から見れば，「なぜ」なのである。外国人から「なぜ」を問われた時，多くの日本人は，「個別の事象なのに，日本，日本人にいちゃもんをつけているのか，批判をしているのか」と受け取りがちだ。ところが，普遍的・全人類的な知性からすれば，この「なぜ」に対し，日本人自身が，日本，日本人というものをできるだけ客観視することで，正確に，「答える」責務があるのである。このグローバル・コミュニティからの問いかけに「答える」責務の方法論については，本書の企画範囲を超えているが，英語版の最終章に論じている。語学力があり，海外経験がある人は，日本「へ」知っていることを伝えるばかりでなく，日本，日本企業，日本的組織について，「正確に」日本「から」海外に向けて「語る」段

階に来ている。

　筆者は，日本人，日本的組織の悪い点ばかりを海外に伝えよと言っているのではない。「悪いところも，良いところも正確に」である。たとえば，「流れ」・「回る」の二面性に注目することにより，「越文化的学習」のための「語り」が可能になる。日本，特に，東日本中の「流れ」・「回る」が止まった2011年の東日本大震災である。

　この時に東京都内にある企業が「無理やり」回し，流したせいで発生したのが，「帰宅難民」という現象である。さらに，東京の中心地にある立派なキャンパスがある大学で，帰宅難民となった人たちを受け入れるのではなく，締め出したところすらあった。これらの大学は，私学助成金という多額の税金を立派なキャンパス建造に投入している。逆に，立派とは言えないキャンパスだが，シェルターとして受け入れた大学もあった。

　また，この流れない，回らない瞬間を見極め，立ち上がった企業もある。国内が混乱し，日本の大手通信系企業の回線が使えない中，グーグル，ツイッター，ヤフー等のシリコンバレー系IT企業に勤務する現地日本人スタッフのサポートでどれだけの人が助かっただろうか[16]。コードという互換性に加え，普段から「越文化的」オペレーションに慣れていたからこそ，即座に反応できたのであろう。彼ら自身も，東日本大震災から多くのことを「学習」し，進化したはずだ。

　さらに，大地震が予想されている太平洋の対岸にある彼らの本社にも「語れる」ことが沢山ある。救援物資を届けに駆け付けた日本の食品・飲料・製薬メーカー等も多数ある。つまり，いざという時こそ，その企業・組織・大学の「人格」が表れるのである。

　地震・津波後，避難生活を乗り越え，起業した人たちもいる。2011年以前の日本的な働き方・人的資源管理・経営管理を完全にリセットし，本来の「有機的機能主義」で組織デザインし，再出発している。さらに，「クリエイティブな社会階級」という概念が生まれた2000年頃のアメリカのように，IT・AIの技能・才能に合うような，「フレキシブルな文化」をあえて創業当

16　林・山路（2013）を参照のこと。

時からデザインする「スタート・アップ」も 2020 年を目の前に生まれてきている。筆者は，この本来の有機的機能主義で組織デザインし，再出発することを「ネオ機能主義」と呼んでいる[17]。集合近眼が蔓延し，ノルムクラシーが浸透している日本では，彼らは少数派かもしれない。しかし，「生き延びる」・「レジリエンス」のため，リストラクチャリング・「再構造化」をやらざるをえず，そこから，立ち上がれる人たち，組織が日本に潜在的に多数存在しているのも事実である。

IT・AI なしでは，将来生き延びることはできず，「テック系」人材確保への危機感から，採用・給与・昇格の「横並び意識」自体を変えざるを得ないという合理性も思いつくようになるだろう。なぜなら，たとえ，就業の安定性をもたらしても，息が詰まり，過労死寸前まで働かされるような「旧型」の日本的経営の体質では，「テック系」たちが来なくなるか，すぐ辞めるという状態になるからである[18]。テック系でなくとも，わずかな設備投資で，テレワークという柔軟な雇用も可能である。仕事を「言われたことすべて」と定義せず，従来のタスクもしくはパズルのピースのような機能と考え，「働く側」の都合に合わせた仕事のやり方に変えることも可能である[19]。このようなネオ機能主義から再出発した組織に「規範的接着剤」として文化を注入することにより，良い意味での「互助的な生活世界」が再構築できるようになる[20]。

また，未曾有の自然災害が繰り返される昨今，組織を維持可能にするためには，コスト削減・効率化・迅速化以上に，信頼性を高め，安全性を確保することが最重要課題ともなっている。実は，体質（組織文化）とは，信頼性を高め，安全性を確保するための「プログラミング化」が可能なものである[21]。本書においては，あえて体質の「負」の部分を取り上げたが，「正」

17　英語では，neo-functionalism と表記する。この可能性については，築達（2011）「能力で結びつく緩やかな組織に，『態度』ではなく『実力』を評価」『日経ビジネス』2011 年 6 月 27 日号　徹底予測　日本の復興，pp.74-75. 等を参照のこと。
18　実際，テック系の採用・キャリアトラックを替える企業も出てきている。ところが，数年たち，学卒の学閥・オールドボーイズネットワークで構成される取締役にテック系が多数加えられない場合，集合近眼から抜け出せない。
19　この可能性については，日経ビジネス online（2011）に掲載された筆者の記事で述べている。
20　この文化によるポジティブな作用に関しては，第 2 章 2 節に述べている。

の部分を再発見し,それを最大限に活かすというのも今後の課題となるであろう。

---

21 「はじめに」にある筆者のAcademy of ManagementでのONE Kedge Unorthodox Paper Awardを受賞した単著論文は,この分野に関するものである。

あとがき

　筆者は，本書を上梓するにあたり，アメリカでの大学院時代から数えると，約30年に渡り日本企業・日本的組織の持つ「正と負」・「光と影」のメカニズムに注目し研究を重ねてきた。約30年前，つまり1980年代末～1990年代初頭は，日本企業がグローバル・マーケットを席巻し，「日本的経営」がもてはやされ，国内ではバブル景気の時代であった。その後，バブルがはじけ，「こうすれば良くなる」，「こうしなければ優良企業にはなれない」と説くのが日本の経営学の主流になった。

　こうした中，筆者は，日本の学界ならびに官僚も含めた実務家のマジョリティから，「日本的経営賛美論」に異を唱え，「優良日本企業」を否定する学者として見られることが多かった。北米の経営学界においては，計量的手法を使わず，ヨーロッパの社会思想で用いる「概念化」・「言語化」・「系譜学」による筆者の学術論文は，彼らが習ってきた「方法論」とは異なるため，生理的な拒否反応も多かった。つまり，筆者の研究は，日本ならびにアメリカの経済・経営学では，「異端」であった[1]。

　しかしながら，30年を経て，企業・組織の「負の側面」を論じることは，欧米の経営学では，「異端」ではなくなってきた。過去の出来事に再解釈を与え，オルタナティブな現実を構築する「交替」[2]を経つつあるからである。計量的手法を用い，組織の「陰」を分析した論文もAジャーナルに多数掲

1　ヨーロッパでの反応は日本・アメリカとは正反対であった。特に，ドイツ語圏・フランス語圏の学会・研究会では，筆者の言語・フレームワークが，彼らの言語・学術的正統性・思考パターンにフィットし，議論が盛り上がった。また，Habermas, Foucault等が用いる用語の込み入ったニュアンスも教えてくれた。北米では，主にカナダのフランス語圏の研究者ならびにアメリカの新制度論派やニュー・スクール派の研究者達が好意的な反応を示した。第6章5節で詳述している。

載されるようになった。

　2018年にアメリカのシカゴで開催されたAcademy of Managementでのシンポジウムでは，neo-liberalism（新自由主義）が前提にある企業活動が「暴走」し，富の分配が偏りすぎ，社会に害をもたらすという議論を展開するまでになっている。ステイクホルダー理論の生みの親であるエドワード・フリーマン[3]等が登壇したため，会場に入りきれないぐらいの参加者がいた。さらに，経営学者からは，大学で将来を担う若者に新自由主義以外の「世界観」をしっかり教育すべきだという発言まで飛び出した。つまり，新しい世界観の言語化であり，第8章2節にある「教育の場で語る」ことの重要性が，アメリカの経営学会でも重鎮達により改めて指摘され，賛同者が増えているのである。

　最新の「経営学習」の研究によれば，エンロン・アンダーセン・ショック，リーマン・ショック，ドイツの自動車産業の不正・不祥事等を経て，企業の体質がもたらす「闇」を解明し，それに陥らないように「他社・他者」から学ぶべきであるという説がある[4]。つまり，他の失敗例は鏡に映された自分の現状・姿かもしれないという「ミラリング学習法」である[5]。

　さらに，「他の失敗から学ぶ」ことが「真に」賢い人間であるとドイツの宰相のオットー・フォン・ビスマルクも述べている。日本では「他山の石」と言う。この点が，第2章4節で述べた「経営組織の批判理論的研究」と筆者の立ち位置が異なるところであり，「批判から未来志向のために学習する」というものである。

　本書を読むことにより，即座に何かを変えられるわけではないかもしれない。しかし，あきらめてしまうと，優良日本企業・官庁による不祥事は，ある一定の時期がくると「連鎖反応」のごとく爆発し，それを数年毎に繰り返すというパターンになる。さらに，集合近眼という組織の病理を治癒しない限り，次の不祥事を起こす「予備軍」はすでに再生産されている[6]というの

2　「交替」に関しては，第7章2節に詳述している。
3　Journal of Business Ethicsの編集長である。2018年の時点で筆者もこのジャーナルの審査委員を務めている。
4　Bledow, Carette, Kühnel, & Bister（2017）を参照のこと。組織単位の学習を促進するための組織学習（organizational learning）とは発想が異なる。
5　Chikudate（2015）を参照のこと。

あとがき

は過言であろうか。再生産のプロセスにある人間であっても，集合近眼の「兆候」に気づき，言語化することで，不祥事・過労死の当事者にならない，巻き込まれないようにもできる。特に，本書の第3・4章は，その目的で書いてある。

さらに，不祥事を起こした組織では，第5章3節にあるような再発防止策を取り，「べき論」を説く以上に，組織のメンバーがこのような「感知・言語化能力」を高めることが重要である[7]。最後に，本書を読み終わった後，我が身を振り返り，我が子のことを考えるために参考にしようとするか，「机上の空論」として一蹴するかは読者しだいであろう。

筆者は，不祥事企業・組織を構成するメンバー全員を攻撃し，その責任を問うつもりは毛頭ない。被害者と加害者が複雑に交錯し，様々な意味で，自責の念を持つ人たちもいるし，「なんとかできないか」ともがき苦しんでいる人も沢山いることだろう。実際，本書の「はじめに」で述べたように，筆者に相談してきた社員もいる。

しかしながら，日本を代表する優良組織なはずの東京電力は，チェルノブイリ級の原発事故を科学技術立国と自負する日本で「再現」したと人類史では記録される[8]。つまり，日本を代表する企業は，「学ばなかった」もしくは「学べなかった」と解釈されてもしかたがない。二度と同じような「日本の優良組織による過ち」を繰り返してはならないという「教訓」を提供することが，日本の社会科学者，特に経営組織の研究者としての責務であると考え，本書を上梓した。

「個」の集合体である組織は，我々ホモサピエンスが生き延びてきた「最大の武器」である[9]。さらに，平常・破壊・カオス・絶望のリセット・再平常化を生むサイクルで生き延びる「集合体としての知恵」も育んだ。この集合体は，秩序つまりorder（命令とも言う）によって成り立つものである。

しかし，秩序とは，本来，だれかに命令され，それに迎合することで生ま

---

6 Berger & Luckmann（1966）の「既存の現実を維持する方法」を参照のこと。
7 実際に，筆者の研修・トレーニングで部分的に使用している。
8 経済合理性から述べると，失敗の代償，「経済的損失」は途方もない。つまり，将来の経済的リスクをコントロールできなかったのである。
9 例えば，Maturana & Varela（1980）を参照のこと。

れてくるものではない。「生き延びるために集合体が必要だ」という自然な発想で生まれてくるものである。この集合体としての知恵のおかげで，幾度とない危機に遭遇しながらも，我々はこの「美しい」島国日本で生き延びている。ところが，秩序のための組織という発想をすると，集合近眼に陥る危険性もある。その結果，組織は我々に「害」を及ぼすことも否定できない。この日本で，将来も生き延びたいのであれば，組織がもたらす「利」，「害」という「紙一重的」な側面を見極めることだ。

学術的背景・系譜

2.3. から

　企業文化という考え方が経営学で広まっていくと同時に，もう一つの運動が主にヨーロッパの経営組織論で興隆してくる。それは，「方法論的多元主義」である[1]。若しくは，「パラダイムの闘争」とも呼ばれる。パラダイムに関する論争が，1980年代に経営組織論で起こった起爆剤になったのは，Administrative Science Quarterlyという学術誌に掲載される論文に加え，主に，イギリス人が執筆した2冊の著書によるところが大きい。まず，Burrell と Morgan による Sociological Paradigms and Organisational Analysis であり，次に，Morgan による Images of Organization である。2000年代に入っても，その功績が研究されている。前述のように，経営組織論は，経営学の一部であり，企業経済学を主流として発展したという歴史がある。さらに，工学的な発想が導入され，組織＝利潤を生むための機械・道具であるという発想が成り立つようになる。ところが，経営組織というものを経済学・経営学・工学ではなく，社会学，特に，ヨーロッパの方法論からとらえた場合，従来の経営組織論の視点では，「問い」が立たなかった研究領域が存在することに気づかされたのである。さらに，別の方法論を経営組織分析に導入することにより，過去の間違いを修正しながら「徐々に」発展していくというのではなく，別の段階へジャンプできると考えるのである。これは，トーマス・エジソンが発明した白熱電球をより明るく，寿命が延び，電気代がかからないように「改善」するという段階を超え，青色LEDを「発明」するというようなものである。

　このような考え方は，科学史の Kuhn が書いた The Structure of Scientific Revolutions という歴史的ランドマーク的な著書から派生している。Kuhn によれば，科学における飛躍的「発展」というのは，同時代で「普遍」と考える科学的方法論でとらえきれないような例外に遭遇した時に起こるというものである。つまり，科学者

1　英語では，methodological pluralism と呼ぶ。

たちが「普遍的」であると考えているものは，実は，ある「特定」の時代に共有されている基準，手法，ルール等で構成される「考え方の枠組み」によるものでしかなく，この枠組みのことを「パラダイム」と呼んだ。特に，一般に「普通」であると考えられる科学的方法論とは，ウィーン学団後期の Popper 等が提唱したものであり，検証されようとしている仮説が実験や観察によって「反証」される可能性を追求することと定義した論理実証主義を意味する。つまり，その普通と考えられている科学的方法論をいくら用いても結局はある特定の世界観に根差した固定観念から逃れることはできないと考える。科学が飛躍的に伸びるには，旧来のパラダイムを捨てることしかないと考える。これをパラダイム・シフトと呼ぶ。極端な例では，「天動説」から「地動説」に変わり，ダーウィンの進化論が生まれたことである。

　このパラダイム・シフトの可能性を経営組織の研究に導入すると，経営組織論で正統とされてきた経済学と工学による「考え方の枠組み」は，実は，一つのパラダイムにしかすぎなかったということになる。横軸に主観性―客観性，縦軸に急激な変革―規制（コントロール）というマトリックスを作ると，4つのパラダイムが出現するというものである。経営組織研究におけるパラダイム論争の歴史的経緯はおおよそ以下のようになる。

1. 経営組織論を牽引していた学術誌の Administrative Science Quarterly の編集長が Weick になり，組織文化に関する論文が多数掲載された。
2. 組織文化の調査には，文化人類学者が用いるエスノグラフィー等の質的調査法が最適であると考えられた。さらに，Geertz や Goodenough の解釈主義・認識主義的な文化人類学のアメリカの理論も研究されるようになった。ヨーロッパの経営組織論を牽引する Human Relations, Journal of Management Studies, Organization Studies という学術誌では，文化・シンボル・言語を研究するため，Saussure とそれ以降の記号論，構造主義の考え方が取り入れられた。
3. ところが，このような組織文化の調査法をビジネス，マネジメントという従来の枠組みでとらえようとすると「違和感」があまりにもありすぎると受け止める経営学者が多数いた。
4. 理由は，経営学，つまり，ビジネス，マネジメントは企業経済学から派生したものであり，調査法的な「正統性」は，経済学もしくは工学を模倣したものでなければならないと考えるからである。さらに，組織の構成員の態度・行動を調査・分析するには心理学，特に社会心理学に追従すべきだと考えるからでもある。
5. 経済学，心理学分野での調査法的正統性は，「計量的」で，「客観性」を追求するものである。それに対し，組織文化の調査・研究は，「客観性」を探究するも

のではない。その結果,「組織＝文化」と考える学派は,邪道,異端であると考えられた。したがって,邪道・異端なものは,認めるわけにはいかず,「排除」されるべきという理屈になる。
6. ランキングが高い国際レフェリー・ジャーナルの論文審査委員は,計量的調査法のみを習得した研究者で占められているため,質的調査法を用いた投稿論文は「変だ」という理由だけで却下される傾向にあった。つまり,従来の経営学大学院のカリキュラムのみで勉強した審査員たちは,「方法論」という社会科学思想にまで関心がなく,審査基準という「ゲームのルール」が違うと門前払いするのである[2]。
7. そこで,組織文化の研究者たちを中心に,邪道,異端扱いされることに我慢できないという運動が起こった。
8. その後,Academy of Management の機関誌である Academy of Management Journal の論文審査員に,質的調査法の専門家も加わった。さらに,計量的とは異なる質的調査法の基準でも可能になった。
9. これと並行して,Academy of Management の年次大会で発表するべく,審査され投稿された論文も,様々な調査法を習得した専門家がピア・レビューするようになった。さらに,Academy of Management に調査法・方法論を専門とする部門も設立された。

このような論争は,当初,「量 vs. 質」という調査法における正統性だけにとどまっていた。しかし,ヨーロッパの社会理論を牽引するイギリスの Giddens,フランスの Bourdieu,ドイツの Habermas 等の「グランド・セオリー」を構築した研究者たちが,主にアメリカ主導の人文社会科学における計量的手法の弱点を指摘することにより,社会科学におけるより大きな「方法論」的正統性を問う運動に発展していく。

この「方法論的」な問いは,「量 vs. 質」の調査法的正統性の議論に終始していたはずの組織文化研究にも影響を及ぼすことになる。組織文化研究では,企業文化主義をコントロール,つまり,組織のメンバーを経営管理するためのメカニズムの妥当性に疑問を投げかける学派が台頭してくるのである。この学派は,図表3-1 にあるように,戦後の現代思想の頂点にあると考えられた Habermas を代表とするドイツのフランクフルト学派,Foucault,Derrida を代表とするフランスのポスト構造主義の理論から発展している[3]。さらに,この流れが合流し,「経営組織の批判理論

---

[2] ここでいう方法論は,methodology であり research method でない。

的研究」⁴ という学派が形成されていく。

経営組織の批判理論学派における「批判」という意味合いで，Marx を含むことは少ない。Horkheimer と Adorno から始まるフランクフルト学派ならびにフランスのポスト構造主義を意味することが多い。図表 3-1 では，「フランス語圏からの影響」ならびに「ドイツ語圏からの影響」の系譜ラインの下の部分に位置する。この学派では，経済発展に貢献する企業活動拡大という大義名分のもとに，組織内のパワーや抑圧の浸透度を高める道具として，組織内のディスコース（日常的な対話）ならびに実践という文化的要素が作られるのではないかという問題意識から探究が始まる。さらに組織内のディスコースならびに実践が，パワーや抑圧の浸透度を見えにくくするメカニズムになるため，組織での様々な「おかしいこと」がまかり通るようになるとも考える。

2.4. から

Husserl の生活世界を理解するにあたり，なぜ彼が現象学を提唱するようになったかを把握する必要がある。Husserl 自身は本来哲学から学問を志したわけではなく，理性もしくは合理性ならびに客観性がア・プリオリに存在するという前提ですべての理屈が展開され，発展した自然科学者（数学者）であったのである。ここで言う，ア・プリオリとは証明なしに前提として認めることを意味する。しかしながら，科学者自身が「人間」である限り，理性・客観性を重視しながら思索・追求することはできるが，完全に理性・客観性を「獲得できる」のであろうかという疑問が Husserl に芽生える。つまり，理性・客観性を彼自身が追求しようとすればするほど，それらは「試み」であり，人間の思考ではア・プリオリには存在しえないのではないかという Husserl の数学者としての悪戦苦闘の末の素朴な結論から生まれた疑問なのである。意図的・能動的な脳活動が理性・客観性の追求であっても，閃きやインスピレーションというポジティブな脳の作用，逆に，「そうであるはずがない」・「やってはいけないのではないか」とブレーキをかける「主観」の介入もしくはフィルターを否定できないと考える。

さらに，この「個人」の主観には，その人が生まれ育った文化・社会・宗教的な「他」によって形成される間主観が影響している。例えば，なぜユダヤ系の人間に

3　理論的発展，正統性を系譜学的に記せば，Habermas と Foucault の思想は交わるところが少ない。ところが，重なるところもある。両者とも Kant に遡り，現象学を経由し，それを批判していることである。
4　英語では critical management studies と呼ぶ。

自然科学・医学の分野でノーベル賞が多いのかとの問いに対し、キリスト教徒、特にカソリック系にはタブーとされる「暗黙の了解」の領域に踏み込めるからという答えがある。極論で言えば、日本人的な「そうなる」という「半受動的意識」のようなものが、論理的なヨーロッパ言語を操る科学者による分析・証明・概念化という能動的思考を働かせる前にすでに存在するのである。そうであるとすれば、古代アテネから継承された人間よる思索の可能性についてどのように取り組むべきかという問いが立つようになる。そこで、Husserl は、思索する人間そのものが指向し、主観的・間主観的（もしくは相互主観的）に出来上がる世界に立ち戻り、人間そのものが生きる世界、つまり「生活世界」という空間の概念を構築した。

　この概念の社会学的発展に注目する必要がある。Husserl によって提唱された生活世界という概念は、後に、ヨーロッパからアメリカに渡った Schütz によって、社会学の分野で展開され、Spenser, Parsons, Merton 等のアングロサクソン系の構造機能主義的観点に対峙する観点として現象学的社会学となった。Husserl の場合、間主観性とは個人の主観と「他」の主観がオーバーラップし、共同体のような意識の土台となるものである。Schütz はそれを大勢の個人が集まる社会基盤になるものであるととらえた。その後、Berger と Luckmann により、間主観的に形成・維持される「現実」を探究する社会的構築主義もしくは構成主義という学派として発展していく。組織文化の理論が発展するために必要な「親学問」の一つに、文化人類学の影響もさることながら、Berger と Luckmann の社会的構築主義からの影響が多大である[5]。この違いを詳述することは可能であるが、本書の企画範囲を超えているため、おおよその哲学・社会科学者が合意できる最低限の定義を用いている。

　哲学の領域では別として、Husserl が提唱した生活世界という概念が、現代思想・社会科学で再注目されたのは、Habermas の功績によることが大きい。Habermas がドイツ哲学の重鎮であることは、疑う余地のないところである。ところが、彼は、考察を Husserl が提唱した生活世界から始めたわけではなかった。Husserl は、客観性ならびに数学的論理性による認識の限界を指摘したのに対し、Habermas の場合は、計量的手法（論理実証主義）を盲目に社会・人文科学へ応用することの限界ならびに、人間を「機械の部品」として考察しがちな機能主義に対する批判を展開している。つまり、社会を成り立たせるのは Parsons, Luhmann 等が提唱する機能的「社会システム」なのか、価値観・主観・信条・宗教を持つ「人間」が主体となる間主観的「生活世界」なのかという究極的な視点から理論を展開する。

　さらに、Habermas が提唱する生活世界の概念は、Husserl が提唱した「原型」か

5　Smircich（1983）, Ouchi & Wilkins（1985）等を参照のこと。

ら離れていく。それは，間主観性に対する立ち位置の違いである。Husserl の場合，間主観性とは人間間で形成・維持・変容される間主観性が歴史的・経験的に共通の背景から形成され，それが個人の主観へ影響される，もしくはこの逆の影響があるものであるととらえる。しかし，Habermas は「意図的な」コミュニケーション・対話による「合意」によって形成されるのが間主観であると考える[6]。つまり，Husserl にとっての生活世界とは「認識による前提」であるのに対し，Habermas にとっての生活世界とは「行為」が加わるプロセスであり目標なのである。つまり，それが達成できるかどうかの議論ではなく「努力目標」・「理想」となる。また，人間による社会的行為が実践されるべきものであると考える。

筆者自身は，Habermas が唱える「コミュニケーションによって間主観的に合意される生活世界」の方法論的可能性を否定するつもりはない。しかしながら，Habermas が唱える生活世界とはかけ離れた姿の生活世界が「体質」として根付きやすいのが日本的組織である。さらに，自分たちで形成・維持してきた体質の餌食になりやすいのである。したがって，筆者は，組織の体質を理論化するにあたり，Habermas が唱える生活世界の理想型を前提とはしない。

3.1. から

筆者は，集合近眼の定義にある sense making と sense giving に関する研究が，Weick よりはるか以前に，すでにヨーロッパ哲学の領域で展開されていることをつきとめた。さらに，Weick の sense making 理論の前提には，納得いかない部分があった[7]。納得いかない部分とは，アメリカのプラグマチズムを鼓舞するため，フランス現代思想の Derrida と脱構築学派・批判理論的組織研究を足蹴にしたことである[8]。Weick 理論は，組織の構成メンバーの「認識」と相反応し合うことで組織が回るという組織の新たなエピステモロジーを提供したという点での学術的貢献を否定するつもりはない。しかし，「パワー」（影響力・政治力・支配力）という，組織内外でうごめく「人間の本性」から派生するメカニズムが十分考察されていないのである。240 年強の歴史を持つアメリカで育った Weick に対し，古代から，「戦争」・「支配」・「身分制」・「奴隷化」・「虐殺」というパワーによる憂き目を歴史で嫌というほど味わってきたヨーロッパ人（ただし，アルジェリア出身）との違いなの

---

[6] speech acts（Austin 1962）からヒントを得て，意図的な言語による合意とその後の行為の「言動一致」の可能性を論じた。
[7] Academy of Management の年次大会において，筆者が Weick に直接質問した時，丁寧に返答してくれたという彼の真摯な態度は別である。
[8] Weick（1995）の p.38 を参照のこと。

だろう。2000年以上の歴史がある日本においては，過去から生成されるパワーへの考察こそ，筆者独自のcollective myopia理論を展開することになった原動力である。

特に，日本においては，このパワーが「制度」・「文化」・「教育」・「言語」，さらに，「和」という日本的価値観の中に巧妙にプログラミング化され，教育・組織によって，それには「足を踏みいれてはならない」・「気づいてはいけない」と考える日本人を生成している。その人間が集合体になり「近視眼」的活動が，1997-1998年の日本金融システムのメルトダウンから始まる「優良日本企業」による不祥事の温床になったと筆者は考える。さらに，2020年を目前にした今日においても，「集合近眼」による優良日本企業，官庁による不祥事の連鎖が続く。2011年の東日本大震災時には，地震・津波という自然現象が引き金になったにせよ，我々日本人が生き延びる上において，「このままで，本当に大丈夫なのか」という問題提起をした。

筆者は，図表3-1の中で，特に，Husserl・Saussure・Wittgensteinに注目した。この三者は，ほぼ同時期に活躍し，現代思想に多大な影響を及ぼしている。完全に一致するわけではないが，Husserlの言葉を借りれば，sense makingとsense givingは，noemaとnoesisに読み替えることができる。noemaとは，人間が知覚を通じなんらかの意味を与えられる対象物であり，noesisとは，その人間の思考作用をいう[9]。構造言語学・記号論の父であるSaussureの言語ではsignifiéとsignifiantにあたる。signifiéとは，書き言葉・話し言葉において，なんらかの意味を与えられるものであり，signifiantは意味を与えるものである[10]。Husserlの場合は，主に，知覚による指向性・対象に対し理論を展開しているのに対し，Saussureの場合，言語を対象としている。後にMerleau-Pontyがこの両者の哲学の融合を試みている[11]。Wittgensteinは組織が「回る」という「スムーズな流れ」という現象を考察する上で有益な「言語ゲーム」[12]を展開した。

筆者が提唱した集合近眼という概念は，フランス，ドイツ，ニュー・スクール，英語圏の哲学・社会思想を筆者自身が折衷させ，形成したものである。前述のHusserlはドイツ，Saussureはフランス，Wittgensteinはドイツとアングロサクソン哲学の混合である。日本や儒教圏アジアの場合，「家元」・「学派」等の純血主義，正統主義，継承主義，さらにはそれが政治運動化する「閥」を作りたがるのに対し，

---

9 Husserl（1954）を参照のこと。
10 Saussure（1931）を参照のこと。
11 Merleau-Ponty（1960）を参照のこと。
12 この「回る」・「スムーズな流れ」というのが，日本的組織の「体質」の核となるものである。この件については第3章5節を参照のこと。言語ではlanguage gameとなる。Wittgenstein（1953）を参照のこと。

欧米の場合，どこまでが，純粋，厳密にドイツなのか，それともフランスなのか，アングロサクソンなのかを規定することは不可能である。また，欧米の哲学，社会思想の発展は，留学・移民・多言語化といった「人の移動」・「人的交流」等で，ハイブリッド化し，発展するという歴史的事実がある[13]。実際，ジュネーブのフランス語圏貴族の家に生まれた Saussure は，ドイツのライプツィヒ大学で勉強し，博士号を授与されている。さらに，Wittgenstein は，オーストリアのウィーンで生まれ，ドイツのベルリンのシャルロッテンブルク工科大学で学び，その後，イギリスのマンチェスター大学に留学している。つまり，どこまでが厳密にフランス的，ドイツ的，イギリス的なのか定義が難しく，日本でいう「流派」，「閥」，「徒弟制」が重要ではないのである。逆に，このハイブリッド化によって，研究者個人がインスピレーションでの影響を受ける，与えるという創造のスパイラルとなり，新たな概念・理論形成に昇華されていく。この「昇華」という現象は，音楽の世界と類似している[14]。

　この「知のハイブリッド化」は，研究・創造の価値をあくまでも個人の才能・習得・独自性として認めるべきだという欧米のアカデミズムの価値観ともなる。さらに，ヨーロッパ言語が，古代ギリシャ語・ラテン語という表音文字とローマン・アルファベットから派生しているため，翻訳し合った時の，意味，ニュアンスのずれが少なく，お互いに議論でき，分かり合えるというアカデミズムが可能になるのである。このような知の形成のスパイラルを熟知しているからこそ，ナチスに抵抗しなかったことで非難された Heidegger の名誉回復のためにユダヤ系フランス人である Sartre が運動するのである。そして，ドイツの現象学を経由し，戦後のフランス・ポスト構造主義が発展していく。第3章ならびに第8章でも述べたように，筆者が提唱する集合近眼理論は，本来，日本人読者に向けて作ったものではなく，グローバルなアカデミアに向けて発信したものである。図表3-1にあるように，筆者の着想の大半は，欧米の知の系譜をベースに築き上げたものであり，その成果を「返礼」する必要があると考えた。

3.2. から

　筆者の唱えた集合近眼は，Habermas の方法論がなぜ，日本では実践できないの

13　実際，Habermas, Luhmann ならびに Foucault もアメリカに滞在しており，英語が流暢である。
14　例えば，ドイツ語圏のザルツブルクに生まれたモーツァルトは，イタリアに留学する等ヨーロッパ中を転々とする中で，J.C. バッハ達からも学んだ。そのため一般人には作風を「ドイツ的」，「イタリア的」，「フランス的」と正確に区別できない。

であろうかという素朴な疑問から始まった考察の結果でもある。Habermas が彼の学者人生の中で注目されたのは，主に，3期ある[15]。まず，第二次世界大戦でドイツが敗戦国となり，なぜ，ナチスが台頭したのか，その道義的責任を負うことを哲学にした通称フランクフルト学派（批判理論）の若手論客となったことである。図表3-1では，Horkheimer と Adorno が著名である。Habermas 以前のドイツ哲学の大家と言えば，前述の Heidegger を思い浮かべるだろう。さらに，戦後，アメリカに渡りアポロ計画の指揮を執ったフォン・ブラウン等の当代最高の科学者達が当時のナチス政権下のドイツにいた。つまり，当時のドイツにはアーリア人優勢思想を後押しするかのごとく，世界最高の哲学と科学があったのである。

　ナチスが台頭したドイツと日本は同盟国であり，権力の集中化と国家による洗脳化いう点においては同一視される。しかし，戦後，Habermas 等の批判理論がドイツで台頭せざるを得ない根本的な違いがある。それは，ナチス・ドイツの総統アドルフ・ヒトラーが，デモクラシーという名のもと，「民主的な選挙によって国民から選ばれた」ことである。つまり，当時のドイツ国民が，自らの意志でヒトラーを選んだことになる。ヒトラーを選挙で選んでしまった狂気じみた世相・世論を批判できない当時のドイツ哲学の限界を憂い，「自ら」ドイツ思想・ドイツ的思考パターンの背後にある「前提」をあぶりだし，批判すること以外，ドイツの知性が再び信用される道はなかったのである。そして，Habermas は，ドイツ哲学の重鎮 Heidegger を攻撃することで注目されるようになる[16]。

　第二期は，哲学者のみならず社会学者という側面を持つ Habermas は，社会システム理論を展開する Luhmann と対比され，その論争が話題を呼んだ時期である。大まかに言えば，Habermas の場合，社会を構成する人々に共有された意識の背後にある「前提」をあぶりだす方法論を展開するが，Luhmann の場合，アメリカの社会学者である Parsons から学び，社会が役割・パーツで構成されるという機能主義的社会論を展開することになる。Habermas と Luhmann 間の論争は，のちに，ほぼ「完璧」なまでの理論に昇華されていき，Habermas の第三期にたどりつく[17]。Luhmann の場合，生物学の Maturana と Varela のオートポイエーシス論を導入し「自己組織論」を展開するようになる。Habermas の場合，彼がその限界を指摘し，攻撃の対象としていたはずの現象学にさかのぼり，Heidegger の師匠である Husserl が提唱した「生活世界」の概念を発展させた。これに，アングロサクソン系の言語行為論を導入し，「コミュニケーション的行為論」を提唱した[18]。つまり，社会を

15　一般書では，三島（1991）がその歴史を解説している。
16　三島（1991）を参照のこと。
17　Habermas & Luhmann（1990）を参照のこと。

機能主義的システムとしてみる Luhmann に対し，人間の認識と行為で構成されている生活世界としてみる Habermas という戦後ドイツの社会思想の頂点が出来上がるのである[19]。さらに，Habermas によれば，生活世界は，社会の構成要員である人間がある程度共有されている暗黙の了解ではなく，議論を通じ，言語化し，「真」の合意を形成するプロセスを経て作られるべきであると考える[20]。この議論，言語化，合意形成のプロセスをコミュニケーション的行為と呼ぶ。つまり，「忖度」・「あうんの呼吸」・「空気を読む」という摩訶不思議な日本的ノンバーバル・コミュニケーションとは対極にあるのが，コミュニケーション的行為なのである。図表3-1 において，「ドイツ語圏からの影響」がおおよその系譜を示している。

　ヨーロッパのアカデミズムと異なるアメリカでは，Habermas のような定義と前提を幾重にも重ねた論理構成による理論は，McCarthy が 1980 年代にアメリカで翻訳するまで，受け入れられなかった[21]。Habermas 自身，McCarthy が教鞭をとるプリンストン大学で講演している。筆者自身，Habermas 理論に出会ったのは，ニューヨーク州立大学バッファロー校の博士課程在籍時である。この大学の哲学科は，アメリカとヨーロッパの思想の輸入出の仲介をするような位置づけにあり，ドイツ語圏・フランス語圏で博士号を修めた教授陣がいた。つまり，プラグマチズム一辺倒にある他のアメリカにある哲学科とは異なった。彼らと交流するうち，Habermas に傾倒していた一部の研究者・大学院生に「なぜ，Habermas なのか」と聞くと，答えは一様に，「社会科学における，アメリカ型の計量的手法の弱点を論理的に，系統だって指摘・批判してくれ，その替わりになる方法論を提示してくれたから」である[22]。

　例外はあるにせよ，人文社会科学系では多くとも 8000 字程度にまとめなければならないレフェリー・ジャーナルへの掲載論文のみが学術的貢献であると定義され，それが採用・昇格・評価の基準になるアメリカの大学においては，どうしても，先行研究・仮説の設定・方法・分析・考察・結果という実験・計量的手法によるコンパクトな「調査レポート」が主流にならざるをえない。しかしながら，医歯薬理工系と異なり，人文社会科学系の場合，「客観的エビデンス」が本当に得られるのか，それは作り上げられるのでないか，たとえ得られたとしても，それをどう解釈し，

18　Habermas（1981）を参照のこと。
19　Luhmann（1996）が英語圏で着目されるようになったのはさらに遅く，1990 年代にスタンフォード大学出版から翻訳が出版されてからである。ドイツ在住の Luhmann に直接師事した研究者であり，Luhmann 本英訳者の一人からも筆者の collective myopia 理論に対し，コメントを頂き，さらに精緻化できた。
20　Habermas（1981）を参照のこと。
21　Habermas（1984, 1987）を参照のこと。
22　Habermas（1970）を参照のこと。

どのように実践に「適切」に反映でき，より良い社会を作っていけるであろうかという疑問を持つ研究者もいるのではないだろうか。逆に，このような疑問を持たず，概念の測定化という面倒な手続きがないお膳立てされた数値的データが既に存在するのだから，それを上手に加工し，解析・分析を加えることにより，なんらかの統計的に有意義な結果を出せればよいと割り切る研究者もいる。

ところが，このような割り切りの度が過ぎると，計量しやすいことのみに研究の関心が限定されていく。さらに，現時点では計量できないもの，計量に適さないものは研究対象から外れるようになっていく。結果として，「計量できないものは研究ではない」と蔑む研究者さえも多数存在するようになる。計量に適さない研究対象とは，「文化」・「精神」・「道徳」・「倫理」・「歴史」等である。これらは，「科学」の研究領域ではないと言われればそれまでである。しかしながら，医歯薬理工系と異なり，人間社会を研究対象にする「人文社会」科学において，無視してよい領域であろうか。

極端な例で言えば，2018年初春，フォルクスワーゲン，ダイムラー（旧ベンツ），BMWが出資した研究機関が，ディーゼル車が放つ二酸化炭素の有害性を否定するため，サルや若者の被験者を使って，実際にそれを吸わせ「たいして有害ではなかった」という結果を作るための実験を行っていた[23]。まさに，経営陣達が経済合理性を追求するあまり，計量的手法により「客観的エビデンス」を作りだそうとしていたのである。ほんの数年前は，二酸化炭素排出を誤魔化すためのプログラムを開発し，取りつけていたという罪で，フォルクスワーゲンは巨額の罰金を受け，有罪判決を受けた社員まで出したばかりである。この事件に関しては，第二次世界大戦時の「なにか」を彷彿させるため，ドイツ政府は即座に激怒して声明を出している。人文社会科学における計量的手法に関し，このような倫理的な問題点をHabermasはすでに指摘している[24]。

筆者は，学生・若い世代に対し，計量的手法を習得するべきではないと言うつもりはなく，むしろ逆である。計量的手法に熟達すればするほど，研究者が言わんとする結論に導くための「作為的な操作」を見抜けるようになり，さらに，人文社会学系で用いる場合の弱点が見えるようになるからである[25]。その弱点とデータの入手可能性との「妥協の産物」のような調査・研究結果を鵜呑みにすることはなくなる。

---

23 第6章5節を参照のこと。
24 図表3-1には入れていないが，Habermasと同様にGiddens・Bourdieuといったヨーロッパ社会理論の巨人も，人文・社会科学における論理実証主義を土台にした計量的手法以外の方法論を提案している。
25 例えば，2016年のアメリカ大統領選挙を計量的手法で予測したものの大多数がはずれ，トランプ氏が勝利した。Wright & Wright (2018) を参照のこと。

実は，自然・生命科学とは異なり，サンプルサイズが増えようとも，厳密な「追試」が行われる場合が少ないのである。特に，文化・宗教・歴史・言語が異なる被験者を対象にした比較研究では，データの入手困難さもあり，難しい。もちろん，時系列的にもサンプリング・サイズ的にも厳密なリサーチ・デザインによって得られた結果については，無視すべきではない[26]。さらに，質・歴史的な手法との統合により，「事実」と「真実」の両方を収斂する知識を形成できていくことであろう。

4.3. から

　筆者自身，複数の国際レフェリー・ジャーナルの論文審査員を務めており，日本人が書いたと思われる投稿論文を幾度となく審査したことがある。当然，投稿者を特定できないのであるが，数行読んで，すぐ日本人が書いたものだとわかる。理由は，「英語にならない英語」で書かれているからである。おそらく，次のようなプロセスを経て投稿しているのだろう。まず，日本語による「認識」で，理屈を固める。次に，日本語ならではの学術的文体・表現で書き，その原稿をそのまま翻訳業者に出し，英語原稿になったものを投稿したのだろうと推測できるのである。日本人が書いた論文であると特定できる理由は，「起承転結」か，読者に「行間を読ませる」という論理とはかけ離れた日本語の理屈・修辞法で英文を書いているからである。逆接の接続助詞「が」，「けれど」で，何度も何度もつなげた文が多い。さらに，日本語独特の「なる」，「られる」，「される」という行為者が存在しない文をそのまま翻訳するため，「受動態」だらけの文となる。決定的な「日本語英語」の特徴は，「が」，「れ」で分節をつなげる日本語の癖を英語に訳すと関係代名詞が増え，一英文が超長文になることだ。おそらく，「博識」を示すため，概念化・論証には全く関係のない言及に字数を費した結果として，筆者の言わんとするところが「漂流」している印象を持つのである。解釈の「ゆれ」や「含み」を持つ「短歌」や「俳句」のような文が羅列され，ヨーロッパの言語では論理として成立しない場合もある。

　字数が少なく，実験・調査・分析もしくは数式で論証していく医歯薬理工系の科学的レポートであれば，「日本語からの英訳」でも，通用し，その中からノーベル賞を受賞する場合がある。しかし，クリティカル文献レビュー，概念化，言語化を伴う人文社会科学系の分野となると，翻訳もしくは日本語の認識をもとに書いた英文は，英語が母国語の学者が書く学術論文とは相当かけ離れたものなのである。当

26　近年はAIにビッグデータを組み合わせた手法が発展している。

然,日本人が書いたこのような投稿論文は不採用になる。他の論文審査委員(英語のネイティブ・スピーカーもしくはヨーロッパ語圏の人間)のコメントを後で読むと,「読んでいて,頭がぐちゃぐちゃ(being perplexed)になった」とある。つまり,日本人が人文社会学系で一流と言われる国際レフェリー・ジャーナルに論文を掲載するには,日本語脳を一度リセットするか,「英語脳」にすぐ変換でき,表現できる能力を身につける必要がある。それができない場合,欧米からの知識を取り入れ,日本での「加工」は可能でも,グローバルな知識の発信は難しい。その結果,世界における,人文社会科学系のアカデミズムの発展に日本人の研究はたいして貢献しないと欧米から揶揄される傾向にある。もちろん,このパターンは,日本の医歯薬理工系には当てはまらない。実際に,人類の発展に貢献したとノーベル賞を受賞できている日本人研究者が日本の大学に存在している。しかしながら,現在1億3000万と言われている日本語の話者は,今後,加速度的な少子化により,激減することが予測できる。つまり,かつて,パリのソルボンヌ大学付近のカルチェ・ラタンではフランス語ではなく,ラテン語が使われていたように,少なくともアカデミックな世界では,「国際共通語」としての英語の地位は揺るぎないであろう。

5.1. から

　日本における輸入学問がすべて悪ではない。実際「科学」の普遍性を求める場合,当然である。ところが,自然科学と異なり,人文・社会科学では,輸入学問は批判の対象ともなる。それは,英語圏・準英語圏の研究者が英語で測定尺度を作る以前の手続きである。「操作定義化」が行われるが,その上位に存在するconstruct,さらに形而上的に存在するconceptが,普遍的であると彼らが錯覚していることである。あくまでも,それは英語圏・準英語圏の研究者が生まれ育ち,生きている社会を構成している「生活世界」を土台にしたものであり,それを彼らの意識の底まで,掘り下げ,彼ら自身が「客観化」できないのである。それを他の社会・文化を調査・観察する上で当てはめることは,彼らの思考パターンの背後にある文化・宗教・価値観を無理やり押しつける「文化的帝国主義」もしくは「文化的植民地主義」であると考える研究者が非欧米圏に少なからず存在する。このような反応をする社会行動科学者は,日本の中にも案外多い。
　しかしながら,逆の問題もある。日本人研究者が「態度」・「意識」・「行動」といった測定尺度を開発したとしても,操作定義化で構成される測定尺度の上位にある本来のconstruct, conceptと「ずれ」が出てしまう。本来のconceptは,欧米の研究者が彼らの生活世界で帰結し,因果的に説明する理論から派生する場合もあり,

日本で開発された測定尺度を翻訳し，欧米の被験者に用いようとしても欧米の研究者には「理論的」に納得されず，グローバルなアカデミズムでの「説明的普遍性」を確立することは難しくなるのである。

6.1. から

カルチャー・ショックの研究は，学術的には1960年代アメリカで生まれた。第二次世界大戦後，アメリカが「世界の警察」となるべく，米軍を世界中に駐留させた。さらに，コカ・コーラ等のアメリカ系企業が世界各国に進出した。ところが，海外に派遣されたアメリカ人全員が，希望して，その国に派遣されるわけではなく，そこに「住まわされる」という場合がある。そうなれば，当然，自ら慣れ親しんだアメリカ文化から離れ，基地から一歩外に出れば，アメリカ語がほとんど通じない世界に飛び込まされるのである。当然，人種が異なる国に駐留した場合，「外人」と指さされ，現地人たちが話している内容はまったく理解できないという日常生活を送ることになる。このような状態では，現地人は自分を敵視し，嫌っているのではないかという被害者妄想を持つようになる。そして，それが過度のストレスとなり，不眠や食欲減退を引き起こし，鬱に入るかなんらかの精神障害に突入していくことになるのである。

ところが，他人の体験や自らの体験から，カルチャー・ショックは克服できるものであるという説，研究が発表されていく。移民や旅行者ではない，一時滞在者による異文化への調整である[27]。なぜ，移民とは異なるかと言えば，移民の場合，その国に完全に溶け込まなければ生きていけない。旅行者と異なるのは，一時滞在者の場合，仕事や勉強という滞在の目的が別に存在するからである。このカルチャー・ショック克服説は，Uカーブ仮説と呼ばれ，精神的もしくは心理的に健康な状態が，異文化で生活を始めた時期から，徐々に悪化し，数ヶ月後には最悪の鬱状態にまでなり，やがて回復し，元の状態にまで戻るというものである。精神・健康状態が徐々に悪化する要因として，孤独感に加え，現地語が100％理解できない，話せないというもどかしさに加えて，現地人の行動様式が気に入らない，習慣が受け入れられない，食べ物が合わない等の拒否反応がある。ところが，赴任または正規生で留学する場合，そのような状態でもやらなければならない仕事，勉学が山ほどある。しかし，自国に居たときのように仕事，勉学をこなせず，無力感を味わわされ，「疲弊していく」のである。最悪な場合，酒浸りになるか，麻薬に手を出す，傷害

---

[27] 英語では，sojourner adjustment と呼ぶ。

事件を起こす場合もある。日本でも在日米軍による婦女暴行等の事件が後を絶たない理由の一つとして，カルチャー・ショックがある。

　しかしながら，最悪な鬱状態は数ヶ月後，徐々に克服されていくのである。理由は，現地語が理解できるようになり，自分が伝えたいことも現地人に通じるようになるからである。また，「ここはそもそも自分の国じゃないのだから」という精神的な断捨離により，現地での暮らしをより快適に過ごすにはどうすればよいのだろうというサバイバル的発想に転換するのである。そうすれば，現地人の行動様式が気に入らないという段階から，現地人と仲良くしようという段階に入る。現地人からそこで楽しめること，おいしい食事等を紹介され，一緒に遊び，食べられるようになると，生活の充足感が生まれ，精神的に余裕が生まれてくる。また，その文化，慣習，言葉でわからないことがあると，現地人に尋ねることができ，「なぜ」という「予想不可能な状態」が徐々に消えていく。

　最後に，完全復活期に入る。この時期では，仕事，勉学でも軌道に乗るようになり，異文化，海外生活を満喫しようという思いになる。また，「自国の文化は自国の文化」，「ここの文化はここの文化」という区別がつくようになり，自分の中に「二つの文化」が共存できるようになる。この段階になると，自国の文化・人間の悪い点も見えるようになり，比較文化的思考ができるようなる。さらに，文化・人種を超えた視点での，「人間性」，「能力」，「信頼」，「親愛の情」が生まれ，いわゆるコスモポリタン的な生き方になる。

　このUカーブの段階に，いつ到達するかは，個人差があり，一概には言えない。しかしながら，精神的な健康状態が底辺にくるのは3〜6ヶ月後であり，これを克服し，いわゆるコスモポリタン的になるのは6ヶ月から1年後であると言われている。もちろん，出発前に現地語がどれだけ習得できていたか，年齢，性別が大きく影響する。若いほど，異文化適応が容易になり，年をとるほど難しくなる。理由は，年が若ければ若いほど「恥」という概念が薄いため，間違いながら，現地語を習得するのが早くなるからである。さらに，女性の方が男性に比べ，異文化適応が容易であるという説もある。女性の場合，男性に比べ，「おしゃべり」である場合が多いから，現地人と積極的に話そうという意識が働くのである。また，母国では「できる」と自負している人間の方が，カルチャー・ショックになりやすい。理由は，この「できる」という自己有効性は，母国の文化・言語・学力の基準に根差したものでしかなく，異文化・異言語・異なった学力の基準では，その人の「能力」は一度リセットされてしまうからである。

　Uカーブは，赴任先・留学先の文化に対するカルチャー・ショックを克服する仮説であるのに対し，赴任・留学が終わり，帰国後の「逆」カルチャー・ショックを

克服する仮説もある。これは，Uの段階が二つあるW仮説と言われ，帰国後に自国の文化に遭遇することで起こるショックである。つまり，赴任先・留学先の文化に馴染み，自己有効性が得られるようになると，意識せずともその文化の「規範」・「価値観」にある程度洗脳されるからである。この洗脳は，赴任・留学期間が長ければ長いほど，浸透していく。その洗脳された状態で日本に帰国すると，「日本人が変だ」，「日本の学校・組織は息苦しい」と認識してしまうのである。そして，周りから「浮きまくる」言動を繰り返し，本人は頭の中では理解できても，それを「生理的に」受け入れられなくなるのである。さらに，周りの日本人達から嫌われるか，四面楚歌の状態となり，完全に孤立するようになる。こうなると，精神的もしくは心理的に不健康な状態になっていく。

　もちろん，帰国後の精神的もしくは心理的健康状態の悪化には，個人差がある。赴任・留学先の文化に溶け込めず，現地語も堪能にならず，適応そのものがうまくできなかった人間にとっては，UカーブやW仮説そのものが当てはまらない。日本に帰国できて安堵するだけである。さらに，精神的もしくは心理的に不健康な状態から復活するには，本人の努力以上に，周りの「環境」が大きく影響する。グローバルに操業・仕事をしようと考える経営者・管理職であれば，そのような人材を活かせるような「適材適所」の配置を行う。さらに，グローバル化に適応できる人材を育成しようという学校であれば，「良い刺激」になる学生として迎える。そして，時間が経過すると日本人との付き合い方，外国人との付き合い方を使い分けることができるようになり，日本人の友人・知人が増える。こうなると，精神的もしくは心理的健康状態も回復してくる。さらに，日本の良さを再発見するようにもなる。つまり，外国人のように日本の良さを見つけられ，日本を「公平」な目で見られるようになる。

　これとは対照的に，ある官庁，古い体質の財閥系企業・大学等では，「垢落とし」と称して，帰国直後，わざと地方に左遷させるか，きつい汚れ仕事に配属する場合もある。つまり，「お前は，所詮，日本人で，この組織の人間でしかないのだから，海外の垢を落とし，『普通』の日本人に戻れ」と暗黙に教え込む。まさに再日本人化するための「規範化」の儀式である。そうすると，本人はストレスが増すばかりである。結果として自己保全のため，外資系へ転職するか起業することになる。そして，成功する人生を歩む場合も多々ある。これがBergerとLuckmannがいうところの「交替による新たな人生」[28]である。

28　Berger & Luckmann（1966）を参照のこと。

引用・参考文献

日本語文献

朝日新聞（1998年4月10日）「日銀，過剰接待で98人処分　大半が接待認める　内部情報漏洩も」夕刊 p.1

朝日新聞（1998年4月28日）「大蔵，1人停職17人減給　長野氏辞職　過剰接待，112人処分」朝刊 p.1

朝日新聞（1998年5月4日）「官僚の訴追　護送船団のゆがみ露呈（終焉　日本型システム：5）」朝刊 p.2

朝日新聞（1998年8月1日）「接待汚職で13銀行・証券処分・指導　会社ぐるみ示せず　金融監督庁」朝刊 p.3

朝日新聞（1998年9月21日）「故新井将敬代議士の要求認定　日興証券の利益供与判決　東京地裁」夕刊 p.1

朝日新聞（2000年3月29日）「東大卒の品質保証は長くて5年」卒業式で学長が戒め（青鉛筆）朝刊 p.39

朝日新聞（2006年7月12日）「トヨタ，96年に改良品　熊本県警指摘『緊急』と把握　3人書類送検」朝刊 p.39

朝日新聞（2007年12月1日）「トヨタ社員　過労死認定判決『QCは業務』訴え届く」朝刊 p.31

朝日新聞（2013年2月1日）「SE業界『死の行進』」朝刊 p.25

朝日新聞（2016年11月26日）「元市場長ら12人減給処分　豊洲　退職6人に自主返納要求」朝刊 p.38

朝日新聞（2017年11月25日）「『順法意識低下していた』三菱マテ会見　主なやりとり」朝刊 p.9

朝日新聞（2017年12月22日）「神鋼甘いガバナンス　役員更迭　組織的不正は否定」朝刊 p.8

朝日新聞（2017年12月28日）「東レ不正　背景に人手不足　有識者委『品質保証　関心薄く』」朝刊 p.5

朝日新聞（2017年12月28日）「データ改ざんに指南書　三菱マテ子会社不正　中間報告」夕刊 p.1

朝日新聞（2018年3月7日）「神鋼不正70年代から脈々」朝刊 p.8

朝日新聞（2018年3月12日）「財務省，書き換え認める　昭恵氏の名前削除　理財局指

示　答弁と整合性図る」夕刊 p.1
朝日新聞（2018 年 3 月 29 日）「品質不正 70 年代から　三菱マテ系　出荷先延べ 825 社　最終報告書」朝刊 p.11
朝日新聞（2018 年 5 月 8 日）「過酷研修　連帯責任の縛り」朝刊 p.3
朝日新聞（2018 年 6 月 6 日）「神鋼　改ざんを『メイキング』複数工場で同じ隠語」夕刊 p.11
朝日新聞（2018 年 6 月 7 日）「神戸製鋼改ざん『感覚まひした』工場元幹部ら」朝刊 p.30
朝日新聞（2018 年 6 月 22 日）「神鋼社長不正を陳謝『意識改革』株主は冷ややか」朝刊 p.9
朝日新聞（2018 年 7 月 7 日）「前局長が申請書類指南　文部科学省汚職　助成事業　東京医大に」朝刊 p.9
朝日新聞（2018 年 9 月 22 日）「接待　国会議員も同席　文科省 4 人処分　次官・局長辞職」朝刊 p.1
朝日新聞（2018 年 10 月 10 日）「就活ルール，政府主導へ　経団連，指針を廃止　21 年入社から」朝刊 p.1
石渡嶺司（2007 年）『最高学府はバカだらけ──全入時代の大学「崖っぷち」事情─』光文社新書
石渡嶺司・山内太地（2012 年）『アホ大学のバカ学生　グローバル人材と就活迷子のあいだ』光文社新書
一ノ瀬俊也（2014 年）『日本軍と日本兵　米軍報告書は語る』講談社現代新書
ウッドフォード，マイケル（2012 年）『解任』早川書房
NHK スペシャル（2001 年 7 月 14 日）「あなたも会社を変えられる」
NHK スペシャル（2007 年 1 月 21 日）「グーグル革命の衝撃」
NHK（2011 年 5 月 15 日）「ネットワークでつくる放射能汚染地図表　福島原発事故から 2 ヶ月」
NHK ETV 特集取材班（2012 年 2 月 14 日）『ホットスポット　ネットワークでつくる放射能汚染地図表』講談社
NHK スペシャル（2018 年）「人体　神秘の巨大ネットワーク」
奥田昌子（2016 年）『欧米人とはこんなに違った日本人の「体質」』講談社
小澤征爾・広中平祐（1984 年）『やわらかな心をもつ──ぼくたちふたりの運・鈍・根─』新潮社
加地伸行（1990 年）『儒教とはなにか』中公新書 989　中央公論新社
『金融腐蝕列島　呪縛』（1999 年）角川書店
経団連（2017 年 12 月 14 日）「週刊　経団連タイムス」No.3343
　　http://www.keidanren.or.jp/journal/times/2017/1214_08.html
神戸新聞　NEXT（2018 年 2 月 28 日）「川重，鋼材削りすぎ　ものづくりへの信頼揺るがす」https://www.kobe-np.co.jp/news/sougou
SankeiBiz（2018 年 3 月 26 日）「AI 技術者，業種越え争奪戦　求人 6 倍　米中企業も高報酬で引き抜き狙う」
　　https://www.sankeibiz.jp/econome/news/180326/ecd1803260500001-n1.htm

週刊金曜日編（2007 年）『続・トヨタの正体』金曜日
週刊ダイヤモンド（2012 年）「編集長インタビュー　ザッポス・ドットコム CEO　トニー・シェイ」pp.84-87
城山三郎（1975 年）『官僚たちの夏』新潮社
城繁幸（2006 年）『若者はなぜ 3 年で辞めるか？　年功序列が奪う日本の未来』光文社
チーム FACTA（2012 年）『オリンパス症候群　自壊する「日本型」株式会社』平凡社
築達延征（2004 年）「倫理崩壊時の Collective Myopia（集合近眼）の状態と非常識な常識による呪縛―現象学・社会的構築主義・ハーバーマス・フーコーの方法論による実践診断理論―」『組織科学』37(4), pp.24-32
築達延征（2011 年）「能力で結びつく緩やかな組織に，『態度』ではなく『実力』を評価」『日経ビジネス』2011 年 6 月 27 日号　徹底予測　日本の復興，pp.74-75
築達延征（2011 年）「企業の『大学化』で異能を生かす組織を作れ　東京一極集中という『中華思想』からの脱却を」2011 年 10 月 18 日　日経ビジネス online
http://business.nikkeibp.co.jp/article/manage/20111007/223072/
築達延征（2012 年）「人格化する企業」DIAMOND ハーバード・ビジネス・レビュー 2012 年 11 月号 p.1
東京新聞（1997 年 8 月 1 日）「病根を絶てるか　野村・一勧処分　上」朝刊 p.1
東芝第三者委員会（2015 年 7 月 20 日）「調査報告書　要約版」
https://www.toshiba.co.jp/about/ir/jp/news/20150720_1.pdf
中村修二（2001 年）『怒りのブレイクスルー　常識に背を向けた時「青い光」が見えてきた』集英社
日本経済新聞（2018 年 1 月 30 日）「人やサルで排ガス実験，独車 3 社出資の団体現地報道　イメージ悪化に」夕刊 p.3
日本経済新聞（2018 年 3 月 7 日）「データ改ざん米で神鋼を提訴　トヨタも対象に」夕刊 p.3
日本経済新聞（2018 年 3 月 16 日）「書き替え『上からの指示』森友問題，自殺職員メモ」朝刊 p.4
浜田正晴（2012 年）『オリンパスの闇と戦い続けて』光文社
林信行・山路達也（2013 年）『Google の 72 時間　東日本大震災と情報，インターネット』角川書店
pha（ファー）（2012 年）『ニートの歩き方―お金がなくても楽しく暮らすためのインターネット活用法』技術評論社
FACTA 編集部（2017 年）『東芝大裏面史』文藝春秋社
福島原発事故独立検証委員会（2012 年）『福島原発事故独立検証委員会　調査・検証報告書』ディスカヴァー・トゥエンティワン
毎日新聞（2017 年 10 月 17 日）「神戸製鋼不正『40 年以上前から』元社員ら証言」
http://mainichi.jp/articles/20171018/k00/00m/020/098000c
毎日新聞（2017 年 12 月 21 日）「交代時『異常なし』のぞみ亀裂　JR 西，東海に報告」朝刊 p.31
毎日新聞（2017 年 12 月 27 日）「東レ　検査不正　改ざん，納期優先動機　有識者委報

告」東京夕刊　https://mainichi.jp/articles/20171227/dde/001/020/068000c
真神博（1997 年）「ネクタイを剝がれた十人のエリート」『文藝春秋』8 月号，pp.104-120
三浦展（2008 年）『下流大学が日本を滅ぼす！』KK ベストセラー
三島憲一（1991 年）『戦後ドイツ―その知的歴史―』岩波新書
安冨歩（2012 年）『もう「東大話法」にはだまされない』講談社
安冨歩（2013 年）『「学歴エリートは」暴走する』講談社
横田一・佐高信（2006 年）『トヨタの正体』金曜日
読売新聞（1997 年 11 月 15 日）「総会屋汚染下」朝刊 p.1
読売新聞（1999 年 1 月 21 日）「社説　企業体質を問う元社長の有罪」朝刊 p.3
読売新聞（1998 年 3 月 27 日）「官僚汚職，憤りと屈辱，蓮実学長が東大卒業式で異例の指弾」夕刊 p.1
読売新聞（1998 年 10 月 19 日）「第一勧銀 6 被告に有罪　総会屋へ迂回融資　元専務ら利益供与　『組織ぐるみ』認定」夕刊 p.1
読売新聞（1998 年 10 月 19 日）「株主総会の健全性害した」夕刊 p.15
渡邉正裕・林克明（2007 年）『トヨタの闇』ビジネス社

外国語文献

Akerlof, G. A. & Kranton, R. E.（2000）. Economics and identity. *Quarterly Journal of Economics, 115*, 3, 715-753.

Albert, S. & Whetten, D. A.（1985）. Organizational identity. In *Research in Organizational Behavior, 7*, 263-295.

Aldrich, H. E. & Pfeffer, J.（1976）. Environments of organizations. In A. Coleman, I. J. & Smelser, N.（Eds.）, *Annual Review of Sociology, 2*, 79-105. Palo Alto, CA: Annual Review.

Alpaslan, C. M. & Mitroff, I. I.（2011）. *Swans, Swine, and Swindlers: Coping with the Growing Threat of Mega-Crises and Mega-Messes*. Stanford: Stanford Business Books.

Argyris, C. & Schön, D. A.（1996）. *Organizational Learning II: Theory, Method and Practice*. Reading: Addison-Wesley.

Austin, J. L.（1962）. *How to Do Things with Words*. Cambridge: Harvard University Press.

Barker, J.（1993）. Tightening the iron cage: Concertive control in self-managing teams. *Administrative Science Quarterly, 38*, 408-437.

Barney, J. B.（2004）. An interview with William Ouchi. *Academy of Management Executives, 18*, 108-116.

Benedict, R.（1946）. *The Chrysanthemum and the Sword: Patterns of Japanese Culture*. Boston: Houghton Mifflin.

Berger, P. L. & Luckmann, T.（1966）. *The Social Construction of Reality: A Treatise in the Sociology of Knowledge*. New York: Anchor Books.

Bishop, J. D.（2000）. A framework for discussing normative theories of business ethics. *Business Ethics Quarterly, 10*, 3, 563-59.

Bledow, R., Carette, B., Kühnel, J. & Bister, D.（2017）. Learning from others' failures: The effectiveness of failure stories for managerial learning. *Academy of Management Learning and Education, 16*, 1, 39–53.

Boisot, M. (1983). Convergence revisited: The codification and diffusion of knowledge in a British and a Japanese Firm. *Journal of Management Studies, 20*, 2, 159–190.

Bourdieu, P. (1979). *La distinction: Critique social du jugement*. Paris: Les Editions de Minuit.

Bremmer, I. (2012). *Every Nation for Itself: Winners and Losers in a G-zero World*. New York: Portfolio/Penguin.

Burrell, G. & Morgan, G. (1979). *Sociological Paradigms and Organisational Analysis*. London: Heinemann Educational Books.

Chikudate, N. (1987). *Behavioral Intentions of Employees in Dissatisfying Situations: A Study in Japanese Organizations*. Master's Thesis, Arizona State University, U.S.A.

Chikudate, N. (1995). Communication network liaisons as cultural interpreters for organizational adaptation in Japan-Europe business environments. *Management International Review*, Special Issues, *2*, 27–37.

Chikudate, N. (1999a). The state of collective myopia in Japanese business communities: A phenomenological study for exploring blocking mechanisms for change. *Journal of Management Studies, 36*, 1, 69–86.

Chikudate, N. (1999b). Generating reflexivity from partnership formation: A phenomenological reasoning on the partnership between a Japanese pharmaceutical corporation and Western laboratories. *Journal of Applied Behavioral Science, 35*, 3, 287–305.

Chikudate, N. (2000). A phenomenological approach to inquiring into an ethically bankrupted organization: A case study of a Japanese company. *Journal of Business Ethics, 28*, 1, November, 1, 59–71.

Chikudate, N. (2002a). Collective myopia and disciplinary power behind the scenes of unethical practices: A diagnostic theory on Japanese organization. *Journal of Management Studies, 39*, 3, 289–307.

Chikudate, N. (2002b). Collective myopia and defective higher educations behind the scenes of ethically bankrupted economic systems: A reflexive note from a Japanese university and taking a step toward transcultural dialogues. *Journal of Business Ethics, 38*, 205–225.

Chikudate, N. (2004). The double-edged sword of organizational culture in Asia: Toward transcultural reflexive dialogues. In Leung, K. & White, S. (Eds.), *Handbook of Asian Management*, 245–263. Boston: Kluwer Academic Publishers.

Chikudate, N. (2009). If human errors are assumed as crimes in a safety culture: A lifeworld analysis of Rail Crash. *Human Relations, 62*, 9, 1267–1287.

Chikudate, N. (2010). Reinterpreting corporate apologia as self-discipline. *Corporate Communications: An International Journal, 15*, 397–409.

Chikudate, N. (2015). *Collective Myopia in Japanese Organizations: A Transcultural Approach for Identifying Corporate Meltdowns*. New York: Palgrave Macmillan.

Chikudate, N. & Alpaslan, C. M. (2018). The curse of the #1 carmaker: Toyota's crisis. *Critical Perspectives on International Business, 14*, 1, 66–82,

https://doi.org/10.1108/cpoib-05-2016-0013.
CNN Money (2014). GM's 'culture' blamed for current crisis, http://money.cnn.com/2014/06/28/news/companies/gm-smerconish/index.html.
Deal, T. E. & Kennedy, A. A. (1982). *Corporate Cultures*. Reading: Addison-Wesley.
Denison, D. R. (1996). What is the difference between organizational culture and climate? A native's point of view on a decade of paradigm wars. *Academy of Management Review, 21*, 3, 619–654.
Financial Times (2011a). Japan's timid media in spotlight. October 29. https://www.ft.com/content/256c607c-016c-11e1-ae24-00144feabdc0.
Financial Times (2011b). Inside McKinsey. November 26/27, 1–2.
Flamholtz, E. G. & Randle, Y. (2011). *Corporate Culture: The Ultimate Strategic Asset*. Stanford: Stanford Business Books.
Florida, R. (2002). *The Rise of the Creative Class*. New York: Basic Books.
Florida, R. (2005). *Cities and the Creative Class*. New York: Routledge.
Florida, R. (2007). *The Flight of the Creative Class*. New York: Haper Collins.
Florida, R. (2008). *Who's Your City?* New York: Basic Books.
Florida, R. (2010). *The Great Reset*. New York: Haper Collins.
Florida, R. (2012). *The Rise of the Creative Class, Revisited*. New York: Basic Books.
Foroohar, R. (2014). We've all got GM problems. *Time Magazine*, June 23,14.
Foucault, M. (1975). *Surveiller et punir: Naissance de la prison*. Paris: Editions Gallimard.
Foucault, M. (1977). *Discipline and Punish: The Birth of the Prison*. Translated from the French by Alan Sheridan. New York: Vintage.
Foucault, M. (1998). *Aethetics, Method, and Epistemology*. Edited by James D. Faubion. New York: The New Press.
France 2 (2018). Journal 20h00 Edition du vendredi 19 janvier 2018. https://www.france.tv/france-2/journal-20h00/380863-edition-du-vendredi-19-janvier-2018.html.
Friedman, M. (1970). The social responsibility of business is to increase profits. *New York Times Magazine*, September 13.
Friedman, T. L. (2014). How to get a job at Google, Part 2. *New York Times*, April 19. https://www.nytimes.com/2014/04/20/opinion/sunday/friedman-how-to-get-a-job-at-google-part-2.html.
Fussell, P. (1992). *Class: A Guide through the American Status System*. Touchstone: New York.
Gudykunst, W. B. (2004). *Theorizing about Intercultural Communication*. Newbury Park: Sage.
Habermas, J. (1981). *Theorie des kommunikativen Handelns*. 2 Bände (Handlungsrationalität und gesellschaftliche Rationalisierung, Band 1: Zur Kritik der funktionalistischen Vernunft, Band 2). Frankfurt am Main: Suhrkamp Verlag.
Habermas, J. (1984). *The Theory of Communicative Action, Vol.1: Reason and the Rationalization of Society*. Translated by Thomas McCarthy. Cambridge: Polity Press.
Habermas, J. (1987). *The Theory of Communicative Action, Vol.2: The Critiques of Functionalist Reason*. Translated by Thomas McCarthy. Cambridge: Polity Press.

Habermas, J. (1970). *Zur Logik der Sozialwissenschaften*. Frankfurt am Main: Suhrkamp Verlag.
Habermas, J. & Luhmann, N. (1990). *Theorie der Gesellschaft oder Sozialtechnologie*. Berlin: Suhrkamp Verlag.
Hall, E. T. (1976). *Beyond Culture*. New York: A Doubleday Anchor Book.
Hirschman, A. O. (1970). *Exit, Voice, Loyalty: Responses to Decline in Firms, Organizations, and States*. Cambridge: Harvard University Press.
Ho, K. (2009). *Liquidated: An Ethnography of Wall Street*. Durham and London: Duke University Press.
Hofstede, G. (1980). *Culture's Consequences: International Differences in Work-related Values*. Beverly Hills: Sage.
Hofstede, G., Neuijen, G., Ohayv, D., & Sanders, G. (1990). Measuring organizational cultures: A qualitative and quantitative study across twenty cases. *Administrative Science Quarterly*, 35, 286–316.
Husserl, E. (1954). *Die Krisis der europäischen Wissenschaften und die transzendentale Phänomenologie*. The Hague: Martinus Nijhoff.
Jablin, F. M. (1982). Organizational communication: An assimilation approach. In Roloff, M. & Berger, C. (Eds.), *Social Cognition and Communication*, 255–286. Beverly Hills: Sage.
Jackall, R. (1988). *Moral Mazes: The World of Corporate Managers*. New York: Oxford University Press.
Jackall, R. (2010). *Moral Mazes: The World of Corporate Managers, Twentieth Anniversary Edition*. New York: Oxford University Press.
Kranton, R. (2016). Identity economics 2016: Where does social distinctions and norms come from? *American Economic Review*: Paper & Proceedings, 106, 5: 405-4-9.
Kuhn, T. (1970). *The Structure of Scientific Revolutions*, 2nd Edition, Enlarged. Chicago: University of Chicago Press.
Kunda. G. (1992). *Engineering Culture*. Philadelphia: Temple University Press.
Liker, J. K. & Ogden, T. N. (2011). *Toyota under Fire: Lessons for Turning Crisis into Opportunity*. New York: McGraw-Hill.
Luhmann, N. (1996). *Social Systems*. Translated by John Bednarz, Jr. with Dirk Baecker. Stanford: Stanford University Press.
Maturana, H.R. & Varela, F. J. (1980). *Autopoiesis and Cognition: The Realization of the Living*. Dordrecht: D. Reidel.
McCrum, R. (2010). *Globish: How the English Language Became the World's Language*. New York & London: W.W. Norton & Company.
Mead, G. H. (1934). *Mind, Self, & Society: From the Standpoint of a Social Behaviorist*. Chicago: University of Chicago Press.
Merleau-Ponty, M. (1945). *Phénoménologie de la perception*. Paris: Editions Gallimard.
Merleau-Ponty, M. (1948). *Sens et non-sens*. Paris: Editions Nagel.
Merleau-Ponty, M. (1960). *Signes*. Paris: Editions Gallimard.
Meyer, E. (2014). *The Culture Map: Decoding How People Think, Lead, and Get Things Done*

across Cultures. New York: Public Affairs.

Minkler, M. & Biller, R. P. (1979). Role shock: A tool for conceptualizing stresses accompanying disruptive role transition. *Human Relations, 32,* 125–140.

Mitchell, A. (1983). *The Nine American Lifestyles: How Our Values, Beliefs, Drives, and Needs Will Combine with Social Trends to Shape Our Future.* New York: Warner Book.

Morgan, G. (1986). *Image of Organization.* Newbury Park: Sage.

Oberg, K. (1960). Culture shock: Adjustment to new cultural environments. *Practical Anthropology, 7,* 177–182.

Orton, J. D. & Weick, K. E. (1990). Loosely coupled systems: A reconceptualization. *Academy of Management Review, 15,* 2, 203–223.

Ouchi, W. G. (1981). *Theory Z.* New York: Avon.

Ouchi, W. G. & Wilkins, A. L. (1985). Organizational culture. *Annual Review of Sociology, 11,* 457–483

Pascale, R. T. & Athos, A. G. (1981). *The Art of Japanese Management.* New York: Warner Books.

PBS. (2014). Google finally discloses its diversity record, and it's not good. May 28. https://www.pbs.org/newshour/nation/google-discloses-workforce-diversity-data-good.

PBS. (2016). Tech giant Google working to diversify staff. January 16. https://www.pbs.org/newshour/show/tech-giant-google-working-to-diversify-staff.

PBS. (2018). Google employees stage walkouts over mistreatment of women in tech. November 1. https://www.pbs.org/newshour/nation/google-employees-stage-walkouts-over-mistreatment-of-women-in-tech.

Perrow, C. (1999). *Normal Accidents.* Princeton: Princeton University Press.

Peters, T. J. & Waterman, R. H. (1982). *In Search of Excellence.* New York: Warner Books.

Pidgeon, N. (2011). In retrospect: Normal accidents. *Nature, 477,* 22, 404–405.

Piscione, D. P. (2013). *Secrets of Silicon Valley: What Everyone Else Can Learn from the Innovation Capital of the World.* New York: Palgrave Macmillan.

Polanyi, M. (1969). *Knowing and Being.* Chicago: University of Chicago Press.

Pollner, M. (1987). *Mundane Reason: Reality in Everyday and Sociological Discourse.* Cambridge: Cambridge University Press.

Powell, W. W. & DiMaggio, P. J. (Ed.) (1991). *The New Institutionalism in Organizational Analysis.* Chicago: University of Chicago Press.

Robertson, B. J. (2015). *Holacracy: The Revolutionary Management System That Abolish Hierarchy.* New York: Henry Holt and Company.

Rohlen, T. (1979). *For Harmony and Strength: Japanese White-Collar Organization in Anthropological Perspective* (Center for Japanese Studies, UC Berkeley). Berkeley: University of California Press.

Rusbult, C. E., Farrell, D., Rogers, G., & Mainous, A. G. (1988). Impact of exchange variables on exit, voice, loyalty, and neglect: An integrative model of responses to declining job satisfaction. *Academy of Management Journal, 31,* 3, 599–627.

Rusbult, C. E., Zembrodt, I. M., & Gunn, L. K. (1982). Exit, voice, loyalty, and neglect: Responses to dissatisfaction in romantic involvements. *Journal of Personality and Social Psychology, 43*, 1230–1242.

Saussure, D. F. (1931). *Cours de linguistique générale*. Paris: Payot.

Schein, E. H. (1968). Organizational socialization and the profession of management. *Industrial Management Review, 9*, 1–16.

Schein, E. H. (1992). *Organizational Culture and Leadership*, 2nd edition. San Francisco: Jossey-Bass.

Schneider, B. & Snyder, R. A. (1975). Some relationships between job satisfaction and organizational climate. *Journal of Applied Psychology, 60*, 318–328.

Smircich, L. (1983). Concepts of culture and organizational analysis. *Administrative Science Quarterly, 28*, 3, 339–358

Taylor F. W. (1911). *The Principle of Scientific Management*. New York: Haper & Brothers.

Tett, G. (2015). *The Silo Effect*. New York: Simon and Schuster Paperbacks.

Time Magazine (2017). Lifestyle. Japan's deadly culture of overwork. *Vol.190*, No.16–17, October 22.

Tönnies, F. (1887). *Gemeinschaft und Gesellschaft*. Leipzig: Fues's Verlag.

Vance, J. D. (2016). *Hillbilly Elegy*. New York: Haper Collins.

Van Maanen, J. (1975). Breaking in: Socialization to work. In R. Dubin (Ed.), Handbook of Work, *Organization and Society*, 67–120. Chicago: Rand MacNally.

Van Maanen, J. (1977). Experiencing organization: Notes on the meaning of careers and socialization. In J Van Maanen (Ed.), *Organizational Careers: Some New Perspectives*. New York: Wiley.

Van Maanen, J. (1988). *Tales of the Field: On Writing Ethnography*. Chicago: The University of Chicago Press.

Weber, M. (1956). *Wirtschaft und Gesellschaft*. Johaness Winckelmann (Ed.), Tübingen: J. C. B. Mohr.

Weick, K. E. (1979). *The Social Psychology of Organizing*, 2nd edition. New York: McGraw Hill.

Weick, K. E. (1995). *Sensemaking in Organizations*. Thousand Oaks: Sage Publications,

Werhane, P. H. (1998). Moral imagination and the search for ethical decision-making in management. *Business Ethics Quarterly, 1*, 75–98.

Whyte, W. H. (2002). *The Organization Man: The Book that Defined a Generation with Forward by Joseph Nocera*. Philadelphia: University of Pennsylvania Press.

Wilkins, A. L. & Ouchi, W. G. (1983). Efficient cultures: Exploring the relationship between culture and organizational performance. *Administrative Science Quarterly, 28*, 3, 468–481.

Willmott, H. (1993). Strength is ignorance; Slavery is freedom: Managing culture in modern organizations. *Journal of Management Studies, 30*: 515–552.

Wittgenstein, L. (1953). *Philosophical Investigation*. Oxford: Blackwell.

Wright, F. A. & Wright, A. A. (2018). How surprising was Trump's victory? Evaluations of the 2016 U.S. presidential election and a new poll aggregation model. *Electoral Studies, 54*, 81–89.

索　引

事項索引

— あ 行 —

アイデンティティ経済学 …………………51-52
ア・プリオリ ……………………………………154
アカデミズム ………………136, 158, 163, 164
当たり前 ………………………36-38, 48, 53, 110
暗黙の了解
　………4, 34, 37, 47, 48, 93, 100, 134, 140, 155
意思決定 ……………………16, 55-56, 81, 91, 93, 142
一般化される他者 …………………………………50
イノベーション ……………………………10, 19, 60
異文化偏差値 ……………………………………86
意味 ……………………………………40-41, 44, 45, 46
ウォール・ストリート占拠 …………………114
鬱(もしくは、うつ) ………………70, 80, 164, 165
エスノグラフィー ………………34, 90, 116, 152
越文化コミュニケーション・ネットワーク・リエゾン ……………………………………106
越文化的学習 …………………………………142, 144
オートポイエーシス …………………………159

— か 行 —

改善 ……………………………………………10, 34-35
外部環境 ……………………………………………85
科学的管理法 ……………………………28-29, 63
科挙 ………………………………………65, 78, 139
学習 ……45, 55, 67, 69, 77, 99, 139, 144, 148
学歴(もしくは高学歴)
　……8, 26, 31, 63, 77, 113, 117, 120, 128, 132
型 ………………………47, 52, 71, 108-109, 132, 145
語り ………………………………………36, 142-144
価値観 ……………36-37, 67-68, 76, 88, 93, 116, 133
ガラパゴス化 ……………………………………107
カルチャー・ショック
　………………………………59, 99, 101, 138, 164-165

過労死 ……iv, 10, 12, 35, 37, 73, 77, 100-101, 120, 128, 132-134, 145, 149
間主観(もしくは相互主観)
　…………………………………39, 46-47, 133, 154, 156
官僚 ……iv, 5-7, 15, 44, 52, 56, 70, 81-83, 139
官僚主義 ……………………………………………24, 56
機械的機能主義 ……………………………………32-33
危機 ……………………………………………83-84, 109
企業市民 ……………………………………………91
企業の社会的責任 ……………………………17, 84, 91
企業風土 ……………………………………………120
企業文化
　…………19, 21, 28-29, 31-35, 40, 58, 90, 151
企業文化主義 ……………………………29-31, 153-154
企業理念 ……………………………………………37
企業倫理 ……………………91-92, 112-113, 125, 133
記号論 ………………………………………………152
技術移転・転用 ……………………………………108
機能主義 ……4, 28, 32-33, 36, 52, 54-57, 60-61, 68, 80, 95, 102, 133, 145
規範 ……51-56, 67, 69-70, 74, 76, 93-95, 100, 110-111, 124, 133
規範化 ……57, 65, 68, 71, 77, 82, 90, 93, 102-103, 121, 133, 139, 166
規範主義的組織 ……………………4, 55, 99, 100-101
規範的コントロール ………………………………57
規範的接着剤 …………………………………33, 145
客観化される事実 …………………………………48
教育 ……61, 64-65, 67, 69, 76, 110, 131, 133, 139, 142, 157
凝集性 ………………………………………………127
均質化 ……………………68, 70-71, 77, 115, 127-128
均質性 ………………………………………………67
空気 ……………………………………………46, 69, 100
クラン・コントロール ……………………………33
グランド・セオリー ………………………………153
クリエイティブ ……………………………………60, 63

177

グローバリズム ……………97-98, 102-103, 107
グロービッシュ ………………………104-105
軍隊 ………………………………………74
軍隊式 …………………………………24, 75
訓練 ………………………………………61
経営管理
　…21, 23-24, 33, 77, 103, 128, 144, 153-154
経済合理性 ………7, 28, 32, 104, 124, 131, 161
ゲゼルシャフト・ゲマインシャフト ………23
決裁 ……………………………55-56, 78, 81
言語化 ……v, 15, 38, 48, 53-54, 74, 100, 110,
　112, 129, 135, 137-139, 143, 147-149, 160,
　162
言語ゲーム ………………………………157
現実 ………………………47-48, 90, 128, 148, 155
現象 ………………………………………39
現象学 …………………………3, 39, 119, 154, 158
現象学的社会学 …………………………155
現場 ……………………………………39-40, 46
高信頼性組織 ……………………………35
構造主義 …………………………………152
交替 ……………………………128, 138, 148
交替による新たな人生 …………………166
コミュニケーション …45-46, 67, 79, 85, 100,
　103, 105-106, 115, 156
コンテキスト ………………………………87-88
コントロール ……34, 47-48, 54, 65, 152-154
コンプライアンス …………………………42, 91

― さ 行 ―

指揮命令 ………………23-25, 34, 40, 73, 74
自己組織論 ………………………………159
自殺 …iv, 5-6, 15, 73, 76-77, 81, 126-127, 132
実践 …………………………46, 87, 134, 154
実践診断するための理論 …………137-138
実践的な質問・言説 ……………………135
質的調査法 ……………3, 88-89, 119, 152-153
社会的構築主義 …………………………155
集合近眼 ……20, 40-42, 44, 48, 56-57, 73-74,
　76-77, 80, 82, 84, 97, 99-101, 104, 107-109,
　112, 114-118, 120-121, 124, 127-128, 133-
　135, 137-138, 156, 157, 158
集団主義 …………………………………127
重要な他人 ………………………………129
主観 …………………………………39, 46
儒教 ……………………6, 23, 82, 121, 139, 157
遵法 ……………………………50, 92, 94, 131
順法 ………………………………………50
状況適応理論 ………………………60-61
常識 …12, 40, 42, 44, 47-51, 54, 70, 75, 77-78,
　84, 90, 93, 137-138
職務満足度 ……………………………25, 35

人格 ………………………………………16
人格化 ……………………………………84
人的資源管理 ……17, 60, 62, 76-77, 93, 100,
　103, 109, 115-116, 118, 132, 144
シンボル …………………………………37
ステイクホルダー ………16, 58, 92, 94, 123
生活世界 ……39-40, 46-47, 90, 118, 133, 154-
　156, 159, 163
製造業 ………9, 14, 22-25, 28, 56-57, 107-108
制度的同型化 ……………………………17
総会屋 ……………………………5, 7, 42, 50, 54
組織化 …………………………………44, 53
組織変革 ………………………………20-21
組織学習 …………………………………35
組織コミュニケーション ………………100
組織社会化 ……………32, 57-60, 62, 66, 93
組織人間 ………………………50-51, 57, 66, 68, 77
組織のアイデンティティ ………………30
組織風土 ………………………21, 57, 85-86
組織文化 …19, 21, 28, 36-37, 40, 58-89, 114,
　145, 152-153, 155
忖度 ……………………………15, 44, 52, 81-82

― た 行 ―

ダイアログ ……………………………135-136
体質 …i-v, 2, 9, 11, 14-17, 19, 46, 55, 56, 80,
　82-83, 131-135, 137, 145, 166
第二次世界大戦 …3, 6, 22, 71, 74-75, 77, 105,
　107-109, 143, 164
チェルノブイリ ………………3, 141, 149
知覚 ………………………39-40, 46, 48, 51, 90, 93
知識 ……………………………47(脚注), 48
地政学 …………………………………98, 102
秩序 ……………………36, 38, 53, 55-56, 73, 149-150
懲戒的パワー ………………69-70, 76-77, 93, 95
ディスコース …………………………136, 154
手続き主義 ………………………………55
手続き的インフラストラクチャー ……55-56
道徳的意思決定 ………………………91, 93
同類性 …………………………………118

― な 行 ―

内部告発 …………………………………126
流れ …53, 55-57, 68, 78, 82, 93, 95, 115, 133,
　135-137
日常性 ……………………………………40
日勤教育 ………………………………76-77
日本金融システム …4, 5, 11, 15, 49, 83, 126-
　127, 143, 157
日本軍 ……………………………71, 74-77, 134

178

日本的経営 ……21-22, 24, 26, 28, 35, 42, 98, 107, 118, 145, 147
ネオ機能主義 ………………………………145
ノーマル・アクシデンツ………………35-36
ノルムクラシー ………4, 55-57, 81-82, 95, 114, 115, 132, 133, 145

— は 行 —

背景的知識 ……………………………47-48
博識 …………………………66, 139, 162
閥 ……………………………66-67, 138, 158
ハラスメント ………24, 69, 77, 83, 100, 117
パラダイム ……………………………151-152
パラダイム・シフト………………………152
パワー ……………………………………65, 154
反省性 ……………………………135-136, 138
判断 …………………38, 44, 48, 50, 52, 93
批判理論 ………………113, 148, 153, 156, 159
病理構造 ……………………ii-iii, 13, 114, 135
風土 ……………………………………19-20, 86
福島第一原発事故 ………i, 3-4, 36, 71, 141, 143
福知山線脱線事故 ………………i, 35-36, 76
不祥事 ……i-ii, iv-v, 1-2, 13, 15-17, 19, 21, 36, 42, 46, 49, 51, 73, 80, 82-83, 93, 113-114, 123-126, 128, 131-134, 141-142, 149
不正 ……………8-9, 51, 56-57, 94-95, 131, 143
普通 ……………………………………110, 133
プラグマチズム ……………………………118
フランクフルト学派 ………………153, 159
雰囲気 ……………………………………46, 117
文化 ………………19-20, 22, 31, 33, 36, 38
文治主義 ……………………………………82
文脈 ……………………………………………42
方法論的多元主義 ………………………151
ポスト構造主義 …………………153, 158

— ま 行 —

回る …53-54, 56-57, 68, 78, 82, 95, 115, 133, 136-137, 157
ミラリング学習法 ………………………148
ものづくり ………9, 15, 56, 98, 108, 132
模倣的同型化 ……………………………93, 127

— や 行 —

役割ショック ……………………………59
有機的機能主義 ……………………32, 144
横並び意識 ……………17, 93, 99, 127, 145

— ら 行 —

リーダーシップ ……………………………23
理想的なコミュニケーション空間 ………135
吏道 ………………………………………71, 132
品質管理 ……………10, 14, 33, 56-57, 95, 120
労働集約 ……………………………108-109
ロンドン占拠 ……………………………114
論理実証主義 …………………118, 152, 155

— わ 行 —

和 ……………………………53-54, 68-69, 157

——— 欧 文 ———

AI ……………………………60, 65, 108, 144, 145
alternation ……………………………128
cohesiveness …………………………127
collective myopia ……………ii, 40-42, 47, 157
collectivism ……………………………127
context …………………………………42
CSR ……………………………84, 91-92, 125
egalitarianism …………………………26
empowerment …………………………120
enactment ……………………………109
EVL ……………………………………123
habitus …………………………………116
institutional myths ……………………78
IT…60, 62-63, 65, 103-104, 108, 117, 144-145
legitimization …………………………78
loosely-coupling ………………………120
norm …………………………………51-52
Normal Accidents ……………………35
normalisation ……………………57, 65
on-the-job-training（OJT） ………28, 59, 67, 132
organizational socialization ………32, 57
quality control（QC） ……………10, 34, 35
reflexivity ……………………………135
Robotic Process Automation（RPA） ……108-109
sense giving ………………45, 156-157
sense making ………………44-45, 156-157
significant others ……………………129
TPP 11 ………………………………104
White・Anglo-Saxon・Protestant（WASP） ……115

人名索引

― あ 行 ―

アカロフとクラントン……………51-52
アリストテレス……………………136
ヴァン・マーネン……………………36
ヴェーバー…………………24, 56, 82
エジソン……………………………151
オーウェル……………………………34
オオウチ………………………………24
小澤征爾……………………………105

― か 行 ―

クンダ……………………………34-35
ゲイツ…………………………………26
小池百合子……………………………82

― さ 行 ―

ザッカーバーグ………………………26
シェイ…………………………………27
シャイン………………………………36
ジャッカル…………………………115
ジョブズ…………………………26, 29
シラク………………………………104
城山三郎………………………………7
スミス………………………………114
セザンヌ………………………………39
ソイヤー………………………………3
ソクラテス…………………………136

― た 行 ―

ダーウィン…………………………152
ディールとケネディ…………………28
テイラー………………28-29, 63, 79
豊田章男……………………………114
豊田佐吉……………………………107

― な 行 ―

中村修二……………………………108

― は 行 ―

バーカー…………………………34-35
バーガーとルックマン……………128
ハーシュマン………………………123
ハーバーマス……………52, 135-136

バーラ………………………………114
パウエルとディマッジョ……………77
ピーターズとウォーターマン………28
ビスマルク…………………………148
ピタゴラス…………………………136
ヒトラー……………………………159
広中平祐……………………………106
ファー……………………………59, 70
フーコー………………65, 68-69, 118
フッサール……………………39, 46
ブラウン……………………………159
プラトン……………………………136
フリードマン, M……………………125
フリードマン, T………………………62
フリーマン…………………………148
ブルデュー…………………………116
フロリダ………………………………60
ベネディクト…………………………3
ペロー…………………………………35
ホー…………………………115-116
北斎……………………………………39
ボワゾ………………………………106
本田宗一郎……………………26, 107

― ま 行 ―

マクロン……………………………104
松下幸之助…………………………107
村上春樹……………………………106
メイヤー………………………………64
盛田昭夫…………………………22, 26

― ら 行 ―

ラファエロ…………………………136
ルーマン……………………………118
ルックマン…………………………118

― わ 行 ―

ワイク…………………………44, 120

──────── 欧 文 ────────

― A ―

Adorno…………………………154, 159

■著者略歴

築達　延征（ちくだて・のぶゆき）

広島大学学術院（経済学・経営学ユニット），大学院社会科学研究科，大学院リーディングプログラム機構「放射線災害復興を推進するフェニックスリーダー育成プログラム」教授

（学歴）　University at Buffalo-State University of New York 博士課程修了，Ph.D. 取得，The Johns Hopkins University, School of Public Health and Hygiene（現 Bloomberg School of Public Health）postdoctoral fellow

（学術賞その他）　2016年, Academy of Management Conference ONE Kedge Unorthodox Paper Award 2016 受賞（単著論文）, Academy of Management, U.S.A.　2016年, Academy of Management Conference Carolyn Dexter Award 2016 ノミネート（単著論文）, Academy of Management, U.S.A.　2014年, Western Academy of Management Conference Past President Best Paper Award ノミネート（Can Murat Alpaslan との共著論文）, Western Academy of Management, U.S.A.　2001年, Academy of Management Conference Management Education and Development Division Outstanding Reviewer Award 受賞, Academy of Management, U.S.A.　1998年, Academy of Management Conference Management Education and Development Division Outstanding Reviewer Award 受賞, Academy of Management, U.S.A.

■組織人間たちの集合近眼
　―忖度と不祥事の体質―

■発行日──2019年5月16日　　初版発行　　　　〈検印省略〉

■著　者──築達延征

■発行者──大矢栄一郎

■発行所──株式会社　白桃書房
　　　　　〒101-0021　東京都千代田区外神田 5-1-15
　　　　　☎ 03-3836-4781　FAX 03-3836-9370　振替 00100-4-20192
　　　　　http://www.hakutou.co.jp/

■印刷・製本──三和印刷株式会社

Ⓒ Nobuyuki Chikudate 2019　Printed in Japan
ISBN978-4-561-26724-9　C3034

本書のコピー，スキャン，デジタル化等の無断複製は著作権法上での例外を除き禁じられています。本書を代行業者等の第三者に依頼してスキャンやデジタル化することは，たとえ個人や家庭内の利用であっても著作権法上認められておりません。

JCOPY　〈出版者著作権管理機構　委託出版物〉
本書の無断複製は著作権法上での例外を除き禁じられています。複製される場合は，そのつど事前に，出版者著作権管理機構（電話 03-5244-5088, FAX 03-5244-5089, e-mail : info@jcopy.or.jp）の許諾を得てください。

落丁本・乱丁本はおとりかえいたします。

好 評 書

実践共同体の学習

松本雄一著

実践共同体による学習は，組織及び組織成員の能力を高める上で重要なテーマとして，広く関心を集めている。本書は，膨大な先行・関連研究をレビューし，公文の教室指導者などの事例にあたり，意義や方法，効用を明らかにする。

本体価格 3500 円

ベンチャーの経営変革の障害
— 「優れた起業家」が「百年企業の経営者」となるためには…… —

樋口晴彦著

本書はまず DeNA に焦点を当て，以前の不祥事を振り返り，自力での運営断念に至ったキュレーションメディアについて掘り下げる。そしてソフトバンクなどで生じた後継者問題について指摘し，ベンチャー企業が陥りやすい失敗の形を明らかにする。

本体価格 2500 円

組織の環境と組織間関係

小橋勉著

組織論の一分野である組織関係論の若手研究者として期待されていたが夭折した著者。他組織との関係を通じて自組織のあり方を見直し，新しい知識を吸収し，よりよい組織に変わる方法を説く。事例として航空業界のアライアンスにもあたる。

本体価格 3000 円

日系企業の知識と組織のマネジメント
— 境界線のマネジメントからとらえた知識移転メカニズム —

西脇暢子編著，浅川和宏・河野英子・清水剛・服部泰宏・植木靖・孫德峰著

本書は知識移転の問題を，その障害となっている境界線をいかに克服するか，という観点から分析するフレームワークを提示。これに基づき，ASEAN 諸国における日系グローバル企業の事例にあたりながら課題を明らかにする。

本体価格 3500 円

白桃書房

本広告の価格は税抜き価格です。別途消費税がかかります。